阅读成就思想……

Read to Achieve

谁动了你的数据

All You Can Pay: How Companies Use Our Data to Empty Our Wallets

数据巨头们如何掏空你的钱包

【美】安娜·贝尔纳谢克（Anna Bernasek）　【美】D. T. 摩根（D. T. Mongan）　著

大数据文摘翻译组　译

中国人民大学出版社
· 北京 ·

图书在版编目（CIP）数据

谁动了你的数据：数据巨头们如何掏空你的钱包 /（美）安娜·贝尔纳谢克（Anna Bernasek），（美）D.T. 摩根（D. T. Mongan）著；大数据文摘翻译组译. -- 北京：中国人民大学出版社，2017.11

书名原文：ALL YOU CAN PAY: HOW COMPANIES USE OUR DATA TO EMPTY OUR WALLETS

ISBN 978-7-300-24966-7

Ⅰ. ①谁… Ⅱ. ①安… ②D… ③大… Ⅲ. ①消费者行为论 ②商业信息—研究 Ⅳ. ① F036.3 ② F713.51

中国版本图书馆 CIP 数据核字 (2017) 第 219798 号

谁动了你的数据：数据巨头们如何掏空你的钱包
［美］安娜·贝尔纳谢克 著
　　 D.T. 摩根
大数据文摘翻译组　译
Shei Dongle Ni de Shuju：Shuju Jutoumen Ruhe Taokong Ni de Qianbao

出版发行	中国人民大学出版社		
社　　址	北京中关村大街 31 号	邮政编码	100080
电　　话	010-62511242（总编室）		010-62511770（质管部）
	010-82501766（邮购部）		010-62514148（门市部）
	010-62515195（发行公司）		010-62515275（盗版举报）
网　　址	http://www.crup.com.cn		
	http://www.ttrnet.com（人大教研网）		
经　　销	新华书店		
印　　刷	天津中印联印务有限公司		
规　　格	170mm×230mm　16 开本	版　次	2017 年 11 月第 1 版
印　　张	12.25　插页 1	印　次	2022 年 4 月第 4 次印刷
字　　数	162 000	定　价	59.00 元

版权所有　　　侵权必究　　　印装差错　　　负责调换

ALL YOU CAN PAY

目录

|前言| 一个似曾相识的现代寓言　　1

第一部分　曾经：市场的演化

|第1章| 消费者剩余　　3

曾经人们认为花钱买水是一件匪夷所思的事情，但聪明的商人建立起了壮观的瓶装水行业，他们诱惑消费者为原本免费的资源付费，赚取了巨大的消费者剩余。赚取消费者剩余一直都是商家的最终目的，但以前的企业和卖家一直都没有能力系统而精确地赚取大部分消费者剩余。直到今天，情况发生了一些改变。

将水卖去密西西比河　　5
瓶装水行业　　8
水的价值　　11
商家的终极目标　　12

|第2章| 正在消失的大众市场　　18

曾经大众市场定义了一个消费者主权的时代，在那个时代，很多方面都是消费者说了算，如今细分市场开始逐步取代大众市场，企业不再同时为所有人服务，而是为你提供专属的服务，这个专属的服务会有一个专属的价格，这个专属的价格往往正好掏空你的钱包。

      咖啡市场的演化 20
      大众市场的分裂 27

|第3章| 不断加深的知识鸿沟 35

  谷歌对我们无所不知，我们却对谷歌一无所知。数据开始变得比你自己更了解你，甚至开始试图引导、操控你的行为。数据方面的知识鸿沟是指企业和消费者间巨大的信息不平衡，它自始至终都存在，并无时无刻不在加深。

      关于谷歌，我们知道些什么 39
      数据比你自己更了解你 44
      试图操控我们的行为 46
      不断加深的知识鸿沟 48

第二部分 当下：公司利用数据做了什么

|第4章| 专属于你的特殊价格 57

  价格歧视是一种获取消费者剩余非常有用的工具，它会利用各种各样的形式让不同的人付出不同的价格。如今每一家企业都在试图利用消费者数据来进行价格歧视，以达到动态定价的目的。

      折扣游戏 62
      快速定价 67
      价格经济学 69

目录

| 第 5 章 | 一切为你量身定做　　78

　　每家数据公司都梦想设计出一套根据每个人的个性量身定做信息的算法，事实上这套算法正在被各个数据巨头们不断完善，在未来我们的每一下点击都可能被定制。价格歧视和大规模定制正在重塑我们的经济，我们正在交出我们自主裁决的权利。

　　　　定制我们的每一个点击　　84
　　　　大规模定制的扩展　　87
　　　　定制的不利之处　　91

| 第 6 章 | 无处不在的协议条款　　96

　　当我们使用一个数据相关的技术时，我们往往会被要求先同意一些条款，这些条款复杂且字体细小，很少有人真正去阅读这些条款的具体内容，但等到真的出了问题时，企业就会拿着放大镜向你解释这些条款。企业一直在不断更新这些条款，而消费者却往往不知道这些改动的背后意味着什么。

　　　　　　　　支票游戏　　102
　　　　　　　　航空游戏　　105
　　　　　　　　隐私条款　　111

第三部分　　未来：消费者是否还有机会

| 第 7 章 | 新淘金热　　119

　　19 世纪的淘金热让加利福尼亚州从一个默默无闻的小镇变成了一个热闹的地方，如今大数据成了新的黄金矿，所有的数据企业都试图从中分一杯羹，其中最引人注目的，是那些正引起数

谁动了你的数据
ALL YOU CAN PAY

据世界大战的数据巨头们。受到这场战争影响的不仅仅是消费者剩余,生产者剩余和劳动力剩余同样会遭到数据巨头的剥夺,因为数据巨头一直以来都只扮演了一个中间人的角色。

数据世界大战　　122
数据行业　　125
数据经济学　　128
生产者剩余　　130
第三种剩余:劳动力　　133
中间人的力量　　134

| 第8章 | **自由市场的终结**　　137

当知识鸿沟、价格歧视、大规模定制和对产品的通用性限制一起发酵时,消费者剩余就将会被榨干到临界值。自由市场会开始逐步瓦解,再也无法保护消费者。取而代之的是自然垄断的蓬勃发展,巨大的经济权力会高度集中在少数人的手中,而消费者和政府还没有做好迎接这种数据层面上垄断的准备。

数据压缩　　139
粒度垄断　　141
自由市场的终结　　143

| 第9章 | **数据环保主义**　　152

一个世纪前,人们沉浸在工业革命带来的迅速发展中,对"环境保护"一直视而不见,直到环境开始恶化,生存开始受到威胁,人们才开始重视环保主义。如今数据打开了一个新世界的大门,数据巨头们掌握着越来越多的数据,却很少受到人们的关注和限制。随着数据呈现出指数级增长的态势,甚至泛滥,人们需要意识到数据环保主义势在必行。

目录

数据环境的觉醒　　152
数据环保主义　　159
数据是一种资产　　161

| 第10章 | **唤醒消费者**　　**167**

　　面对先进和强大的大数据技术,消费者们必须联合起来维护自身的权利。数据是一种属于我们自己的资产。消费者不光要从意识层面上觉醒,更需要学会从法律层面上维护自身权益。政府也应该制定相关法律来保护消费者,未来的一切取决于我们现在的行动。

法律的职责　　174
政府的职责　　180

ALL YOU CAN PAY

前 言
一个似曾相识的现代寓言

从前,在美国的中心地带有个小镇,小镇上的居民过着繁荣和谐的生活。小镇上有一个年轻家庭,他们的家小而整洁,生活稳定,并且充满希望。早晨,孩子们走路去当地的小学上学,父母则去工作。晚上,孩子们完成家庭作业,一家人聚在一起共进晚餐。

这个家庭虽不富裕,但很兴旺。父亲和母亲都有有保障的工作,挣来的钱不仅足够开销,还有稳定的结余。一年又一年,孩子们逐渐健康成长起来,父母因此感到非常骄傲。

他们的生活物资富足。镇上和附近的商店陈列着诱人的商品,它们被小心地贴上标签,价格合理,库存丰富。单单是超市就有 30 000 种商品供整个家庭选择,而对于本地没有的商品,他们也能很方便地从四面八方订购到。当然,你不得不在这么多选择中做决定,但是由于有体面的收入,必需品的支出也在可负担的范围内,所以每年都可以有点额外的开销,例如度假和一些小嗜好。

幸福的年景一年接着一年,直到有一天,父母注意到了一些变化。工作突然变得有点儿不那么有保障,似乎渐渐难以支持开销。一张出乎意料的保险单外的医疗账单让他们第一次感到震惊。不凑巧的是,这家人又在离家几百里外的地方支付了一笔非常昂贵的汽车维修费。接着,房贷账单飞涨,超市里虽然在不断促销和折扣,但最终的账单总比预期的要高,手机和上网的账单偶尔跳到几百美元，电费和油价开始令人费解地飙升，银行和信用卡的收费突然间冒了出来。这一切都是以前从来没有过的。持有家庭储蓄的投资基金遭受了损失，最糟糕的是，家庭拥有的房产掉价了，比没付清的房贷还要低。

一种衰退不知不觉地潜入到了这个原本幸福的家庭生活中。他们曾经感到安全，但现在他们感到越来越焦虑。隐约的财务担忧汇合成了对未来的痛苦恐惧。存钱和未雨绸缪并没有带来预期效果，这家人开始跟不上时代的步伐了。

很快，这家人无法将开销控制在预算之内。从牛奶到房贷，每一样东西的价格，都随着神秘的市场力量发生了改变。一份像样的家庭预算完全不能执行，同时还出现了越来越多令人讨厌的意外状况，比如一件物品或一项服务比以前认为合理的价格突然涨了好几倍。每当父母发现一种新的解决方案或者终于存下一部分钱时，事情就会发生变化。一旦一种新产品的推广期结束，价格会在这家人还没来得及适应就开始飞涨。似乎再也没有什么东西会依据简单而固定的规律来供应了，什么事情都能变成复杂的交易。也有一些商家定价明确，但对于出售的货物或服务却语焉不详。而另一些产品则无时无刻不面临着罚款和额外的费用。

父母们开始有些许偏执的担忧。他们想知道他们的智能手机、平板电脑和计算机是否正在监视他们。激进的在线服务出现了对应的私人电子邮件服务。搜索结果不仅包含定位信息，还能显示更加私密的习惯偏好。不可思议的是，星期日午餐聚会开始前，鸡蛋价格正好飙升；当一家人外出要迟到的时候，汽油的价格就立刻上涨。

最糟糕的是，这家人觉得这些变化总是自动发生。他们就算做了一笔赔本的买卖，也没有追索权。数百份双方共同同意的服务合同和用户协议中总有条款和他们针锋相对，他们对此无能为力，因为他们自己也无法判断条款的天平倒向哪边，甚至对于条款的内容都一知半解。如果去尝试了解其他人

前　言
一个似曾相识的现代寓言

是否有和自己一样的遭遇，那似乎会显得很突兀，但他们知道，周围的邻里朋友也一样处于焦虑中。与此同时，一些定位合理的公司业绩却越来越好。

上面的这个故事，虽是虚构，但其中的细节，在某种意义上来说是真的。数百万的消费者都曾有过上述的某些经历，很大一部分人经历了其中的绝大部分。遍布全世界的公司正在学习如何更多地用最高价格卖出服务和产品，并将风险转移到消费者身上。

我们并不全是这场灾难性剧情的被动受害者，很大程度上，这是由我们自己造成的，就像阿尔冈昆人为了几把斧头和毛毯，卖掉了整个曼哈顿。消费者几乎是在迫不及待地用自己的未来去换取不值几个钱的服务和便利。

站在新时代的边缘，我们注视着一个旧消费时代的衰落。巨大的廉价消费品市场在迅速消失，庞大且资金充足的企业正在前所未有地积累着信息。个体正在为彻底重塑全球消费经济添砖加瓦，虽然目前技术还不成熟，但改变正以数据传输的速率到来。

市场上将流行什么？社会是否将被动接受海量数据淘金热的后果？消费者为此全力买单，还是消费者将强势还价？全球的消费者想要知道答案。

很多东西都将面临风险，不仅仅是个人财富，还有一些更重要的，比如我们长期依赖并且持续存在的自由市场，甚至我们的生活方式。但庆幸的是，这一切如何发生将取决于我们现在的做法。

第一部分

曾经：市场的演化

ALL YOU CAN PAY

第1章
消费者剩余

> 曾经人们认为花钱买水是一件匪夷所思的事情，但聪明的商人建立起了壮观的瓶装水行业，他们诱惑消费者为原本免费的资源付费，赚取了巨大的消费者剩余。赚取消费者剩余一直都是商家的最终目的，但以前的企业和卖家一直都没有能力系统而精确地赚取大部分消费者剩余。直到今天，情况发生了一些改变。

你会花多少钱来购买空气？这貌似是个荒谬的问题。毕竟，空气是免费的，我们没有理由要为之付钱。作为一种商品，空气看起来是一个糟糕的选择。但是如果你身处一个空气非常有限的地方呢？比如山顶、水下或是一个密闭的房间，那将如何？在那些地方，你也许愿意为空气付出很多，甚至是你所拥有的一切。

如果不是空气，是水呢？曾几何时，花钱买水也是一件令人匪夷所思的事情。水几乎无处不在，它是如此便宜，随时可以免费获得。但是当你很渴或是别无选择的时候，你也许会花很多钱去买水。对于人类来说，空气和水都是无比重要的，几分钟没有空气或是几天没有水，生命就会危在旦夕。我们从这些充足的自然资源中获得了极大的好处，但我们通常却很少为之付出。

不得不为某一事物所支付的数额和当前市场上实际支付的数额这两者之间的差额被称为经济剩余（economic surplus）。从最初的以物易物发展到如今一毫秒就可以完成的金融交易，交易的本质就是一种产生经济剩余的过程。人们之所以买卖商品和服务，是因为他们在交换过程中得到的比付出的要多，无论它是空气、一辆汽车还是一美元。某些物品的实际价值和你的实际付出之间的差别十分个人化，经济剩余会随人、时间、场合的变化而变化。

消费者所获得的剩余叫作消费者剩余（consumer surplus），商业活动中的利润叫作生产者剩余（producer surplus）。总经济剩余（total economic surplus）就是消费者剩余和生产者剩余之和。剩余一直是大家竞相赚取的，消费者总想付出的少，得到的多，并获得最大化的享受，而商家则想收费更高，给予更少，同时最小化成本。

以水为例。在世界上大部分地区，清洁的水是自然产生的。但有时些许过滤和化学处理是需要的。全美国的自来水都能以非常低廉的价格获得，但全美国的瓶装水市场还是达到了130亿美元。瓶装水公司并不能创造水，水来源于大自然。在水源地，水里也许会有一些矿物质，甚至一些气泡。有时这些瓶装水其实跟普通的自来水没有太大差别，只不过装在瓶子里。但是瓶装水公司早已明白人们无时无刻都需要喝水，这对他们来说非常重要。因此瓶装水行业出售的实际上是便利服务。如果大家不怕一点小麻烦，当他们口渴时，很容易就能在附近找到一个水龙头，但他们仍然愿意在街角书报亭购买更容易获得的瓶装水。因此，几乎到处都在出售方便、可再次封口的瓶装水。简单来说，就是将普通的水装入便利的包装里，仅此而已。这就是消费者花了130亿美元所得到的。不仅如此，在全球饮料市场，瓶装水是到目前为止增长速度最快的产品。因此，购买卫生、便携又节约时间的瓶装水，已经变得非常普及。也许那些比较贫穷或者时间非常宽裕的人还是会使用自来水或者饮水机，但是更多人愿意付几块钱购买装在瓶子里的那一两杯水。

第一部分
曾经：市场的演化

人类的生存离不开水，所以通过卖水能获得的总剩余很可能是无限的。但到目前为止，还没有人能垄断这种产品，因为这是一种针对大众市场的商品，市面上有很多不同品牌的瓶装水，如果卖家卖得太贵，就会有更多的人使用自来水和饮水机。消费者不停地寻找解渴的方法，而企业则想方设法去寻找盈利途径。瓶装水工业的出现完美地诠释了商家是如何从原本完全免费的公共资源中找到收费途径的。实际上，瓶装水公司正是通过诱惑消费者为原本免费的资源付费来不断蚕食消费者剩余的。

将水卖去密西西比河

巨大的瓶装水市场并不是一夜之间突然出现的。大约半个世纪之前，一个美国市场营销天才和一位睿智的法国商人联手在纽约成功地推出了美国的第一瓶瓶装水。布鲁斯·内文斯（Bruce Nevins）是一名年近四十，拥有野心的市场营销管理人员，当他遇见古斯塔夫·利文（Gustave Leven）时，他正在酝酿自己人生中的下一个大事件。起初，他是持怀疑态度的。瓶装水？来自法国？让美国人为早已通过管道进入家家户户的水付钱似乎是一件异想天开的事情。

然而，细细想来，内文斯还是嗅到了其中的商机。水是仅次于空气的终极商品——廉价、无处不在、为生命所必需。它蕴含了无穷的内在价值，在某些时候，人们可能会愿意为之付出一切。关键在于如何获取其价值，哪怕只是其中一点点价值。即便只是消费者从水中所获价值的一小部分，加起来也会变成一笔巨额财富。

20世纪70年代中期，内文斯离开了当时正处于巅峰的李维斯公司（Levis），那时候从莫斯科到马尼拉，世界任何一个地方的年轻人都想拥有一条李维斯的牛仔裤，这在很大程度上归功于内文斯的全球市场推广工作。不过内文斯天生具有创业精神，他将这一切都抛诸脑后，和一位李维斯的前同事从头开始，共同创办了小马体育用品公司（Pony Sporting Goods）。通过朋友、熟人，甚至朋友的朋友，他们终于找到一些投资人支持他们的公司。其中一个投资人正是古斯塔夫·利文，他是法国毕雷矿泉水公司（Perrier）的董事长。正是他凭借着一己之力将一种早已被遗忘的矿泉水变成了法国的高端矿泉水品牌之一。

利文对内文斯很有好感，内文斯对各种想法的开放意识吸引了利文。当时，这个法国人正在寻找一个盟友——一个能和他一样对毕雷公司有信心的人，他认为他能说服内文斯去做一些当时被很多人认为不可能的事情——改变美国人的习惯。对于美国人来说，瓶装水的确很陌生，很"法式"，但利文相信自己一定能将瓶装水卖给习惯于喝可口可乐和七喜等传统美国软饮料的美国人。

利文一直以来都很热衷于矿泉水。第二次世界大战刚刚结束时，他偶然发现了毕雷。当时他还只是个年轻的股票经纪人，他为一位客户造访了位于法国南部韦尔热兹市（Vergeze）的毕雷水源地后，他决定自己把这个公司买下来。毕雷曾经有过一段辉煌的历史，一个名叫路易斯·毕雷（Louis Perrier）的当地医生在1898年买下了这眼泉水，并开设了一个温泉浴场，同时出售瓶装水。几年之后，一个富有的英国人圣约翰·哈姆斯沃思（St. John Harmsworth）买下了泉水并将毕雷销往英国各地。毕雷在白金汉宫一经推出立刻深受皇室好评，从此在英国一炮走红，还赢得了"水中香槟"的美称。但哈姆斯沃思去世之后，战争开始，毕雷也随之逐渐没落。失去主要市场和资本投资的毕雷很难再继续生产和出售瓶装水。在随后的14年里，毕雷基本处于废弃状态，直到20世纪40年代末，利文第一次到访那里。利文发现了重振毕雷的机会，并牢牢地抓住了它。在那以前，毕雷在英国及其殖民地比在法国更有名。但是在利文手中，毕雷成为了法国最畅销的矿泉水品牌。经过30年的发展，利文相信毕雷已经具备了进一步壮大和扩张的潜力，于是他把目光投向了庞大的美国市场。但是他首先需要一个非常熟悉美国市场的人。

利文花了几个月时间说服内文斯看看他的项目计划书，但内文斯一直故

第一部分
曾经：市场的演化

意拖延。当时麦肯锡公司刚刚完成了一份关于毕雷在美国发展前景的详细报告，并指出这个计划不可能成功。这更加坚定了利文的想法，但却让内文斯缺乏信心。连麦肯锡公司都认为不可能成功的事，他又能做些什么呢？

最终内文斯勉强同意做些市场调查。当时，毕雷已经开始在曼哈顿和洛杉矶的一些高档餐厅中销售，但除此之外，这些梨形的绿瓶子并没有得到广大民众的青睐，大多数时候都只是在货架上积灰而已。内文斯从焦点人群开始调查，努力深入了解如何能让消费者购买瓶装水。经过一两轮调查之后，他逐渐开始产生兴趣。他终于发现了一些线索，并且能够体会到对这个产品的计划。20世纪70年代，美国人的自我保健意识不断增强，越来越多的人更倾向于喝减肥饮料。然而，减肥饮料中使用的糖精当时被认为是一种致癌物，大多数人对此望而却步。这时，内文斯意识到，毕雷不仅仅是瓶装水，它更是一种替代饮料——一种比目前市面上的软饮料、减肥饮料和酒更为健康的替代饮料。还有什么能跟喝水一样健康，同时又能带来真正享受的呢？气泡让毕雷看上去奢侈且无害，与众不同的包装让它显得既方便又独特。

在广告宣传的同时，毕雷还赞助了马拉松比赛。一直到20世纪70年代末，成千上万的人都穿着印有"毕雷"字样的T恤参加纽约马拉松赛。内文斯还努力跟新闻界搞好关系。他将一些美国记者请到巴黎，让他们亲自见证毕雷的产品。先是在巴黎，接着再到毕雷水源地的天然泉眼，这些记者受到了最好的招待。内文斯并没有让毕雷变得高不可攀，在他的愿景中，毕雷不应该像香槟一样昂贵。他希望毕雷是一种大多数美国人都可以消费的产品，他通过谈判降低了运费，保证了较低的零售价格，接着在全美国的超市出售毕雷。

毕雷在美国获得了巨大的成功，被誉为20世纪最成功的市场营销案例。现已80岁高龄的内文斯回顾当时的情景，也承认毕雷代表了他事业的顶峰。在最初的三年里，毕雷的销售额增长了超过3000%，并且还保持持续攀升的状态。截止到1988年，美国市场一年要消费3亿瓶毕雷，并且该公司已经取得了80%的市场占有率。

那么内文斯到底做了些什么呢？他将矿泉水装到瓶子里，运输了半个地球那么远，并使很多美国消费者相信为之付钱是值得的。想象一下将水卖给生活在密西西比河畔或是五大湖区的人们有多么困难。内文斯竟然真的将法国的矿泉水卖到了另一个本身就拥有丰富水资源的国家，并获取了丰厚的利润。更不用说，他还打破了美国长期以来几乎免费供水的传统。

在这个过程中，内文斯抓住了原本属于消费者剩余的一小部分。他通过自己的天才营销手段，占领了高端瓶装水市场，把握住了那些愿意付钱享受比自来水更多一些东西的消费者。在此之前，所有毕雷的消费者没有这部分开销，他们喝普通的自来水。通过传播"毕雷是一种奢侈品"的理念，内文斯捕捉到了商业价值中最重要的部分之一：消费者剩余的一部分，即消费者从水资源获得的剩余的一部分。

瓶装水行业

通过单一产品的成功，内文斯引发了一场饮料行业的革命，并为追随者们铺平了道路。很多品牌在其后也取得了巨大成功。自从毕雷首次推出之后，瓶装水行业就一直蒸蒸日上。目前，瓶装水已经是美国按消耗升数计算仅次于软饮料和酒类的第三大产品类型。2012年，它占全美饮料消费总量的17%，超过咖啡（15%），仅次于酒精饮料（19%）。

瓶装水行业的增长之迅猛让人震惊。在软饮料仍然占有饮料市场的27%份额时，瓶装水已经迎头赶上了。在过去的十年间，瓶装水在美国的消费量一直稳步增长，而碳酸饮料则有所下降。据美国饮料调查公司（Beverage Marketing Corporation）统计，从2002年到2012年，瓶装水的人均消费量增长了50%，而碳酸饮料则有轻微下降。当然，美国人每人全年的碳酸饮料消费总量还是高于瓶装水的，每年大约是116升瓶装水相对于177升碳酸饮料。但如果瓶装水的增长势头继续保持下去，用不了多久就会在全美范围内超过碳酸饮料。据瓶装水业内人士预测，这一天或许很快就会到来。北美雀

第一部分
曾经：市场的演化

巢饮用水公司（Nestlé Waters North America）总裁兼 CEO 蒂姆·布朗（Tim Brown）声称到 2017 年美国人瓶装水的饮用量将超过碳酸饮料。同时，他还期望这一趋势能扩展到全世界。

这一预测已经在美国最大的区域性市场纽约大都会区变成了事实。仅仅"波兰泉"（Poland Spring）一个品牌，尽管没有保密配方，也没有吸引眼球的广告宣传，但其销售量已大幅超过了可口可乐和百事可乐之和。纽约大都会区跨越纽约州、康涅狄格州和新泽西州，该地区总人口超过 2000 万。2013 年，可口可乐旗下各种品牌在这一地区的总销售额为 3.74 亿美元，相比之下，同一地区的波兰泉总销售额却高达 5.07 亿美元。波兰泉是该地区 2013 年唯一保持销售额增长的主要饮料品牌，可口可乐和百事可乐的销售额都有所下滑。美国其他地区的市场销售也呈现相似的态势。据尼尔森公司（Nielsen Company）称，在美国另外 15 个主要城市，超市瓶装水的销量现在也已经超过了碳酸饮料。这些城市包括拉斯维加斯、波士顿、达拉斯、菲尼克斯和休斯敦。

内文斯从未想到，瓶装水市场最终会变得如此之大。事实上，波兰泉这个品牌也是他在 20 世纪 80 年代末为毕雷公司购入的。他承认他和其他人一样对瓶装水在美国受到如此青睐而感到惊讶。他说："我们曾经希望瓶装水的美国市场能赶上欧洲市场，但我们从未预料到它会是个 130 亿美元的大生意。"

那么，为什么美国人在能喝到免费自来水的情况下还愿意花钱购买瓶装水呢？在毕雷的案例中，含有气泡及其法国发源地的故事使它变得独特而有吸引力。但毕雷本身其实并不是什么顶级产品。它来源于地下，除此无它。雨水和二氧化碳在天然压力条件下穿过石灰岩形成带有气泡的水，毕雷的水源地因此而得名"les bouillens"，法语意思为烧开的水。其实没有公开的是，为了保证均一的碳酸化作用，水和二氧化碳是分开采集的，直到装瓶时才混合到一起。毕雷还含有少量的天然矿物质，钙、钾、镁以及数种很微量的其他矿物质。但本质上它只是一种非常简单的产品。利文这位现代毕雷的法国创始人，将一个低成本的产品塑造成了一种奢侈品。随后，内文斯将这一概念卖给了美国人。于是，利文和内文斯给那些愿意花更多的钱买水喝的人找到了一个理由。

而静水是另一种不同的产品。没有气泡，也没有太多特点来区分其与自来水的不同。然而目前，静水在全美的销售量高于气泡水。美国两大静水品牌，达萨尼（Dasani）和纯水乐（Aquafina），其水源实际上就是自来水。就其本身来说，没有任何特殊之处。

百事可乐公司首次推出纯水乐是在1994年，它是那样地成功，以至于可口可乐公司仅仅五年之后就推出达萨尼，也获得巨大的成功。这两种产品都是纯净水。以达萨尼为例，它的水源实际上是在全美各地可口可乐罐装车间在附近就地取材而来的。通常就是使用最近的城镇中的自来水或是井水（如果附近没有自来水）。接下来可口可乐公司就是将水过滤并添加少量的矿物盐，使所有的产品口味一致。可口可乐公司通常都是以相当低廉的价格购买当地水源，生产成瓶装水后再出售，以获得丰厚的利润。

有趣的是虽然对于美国人来说，从可口可乐公司购买自来水产品是没有问题的，但欧洲人不这样认为，至少到目前还不能。2004年，达萨尼在英国推出时惨遭失败。简而言之，英国人不会购买可口可乐公司的瓶装水。当英国小报头条上漫天遍地地写着"真实的圈套"和"可口可乐公司的自来水卖95便士"时，达萨尼进军英国市场的目标就基本告吹了。但最终结束达萨尼在英国的命运的是某些瓶装水的矿物质污染，可口可乐公司将达萨尼撤离英国市场，并将进军欧洲的计划暂时搁置。

在美国，某些消费者购买达萨尼和纯水乐的部分原因是他们对自来水和直饮水的安全性有一定程度的担忧。尽管大量的证据表明事实正好相反，只是由于当地的自来水公司并没有大力推广它们的产品。不过有一个更重要的原因，瓶装水更方便。可口可乐公司卖给美国人的实际上并不是水，而是一点点包装和便利。从本质上来说，可口可乐公司出售的是为顾客节约下来的

第一部分
曾经：市场的演化

时间的价值，即自己将水装到瓶子里所需的时间的价值。

水的价值

可口可乐公司的做法无可厚非，当然，必须是在没有误导顾客的前提下来实施。俗话说，时间就是金钱。但也分不同情况，比如你是否赶时间、你到底有多渴、目前是否有其他选择，还有离你最近的公共饮水处有多远，某些情况下你可能愿意付很多钱来买水，远远不止一两美元。即使瓶装水涨价，或许你也愿意承担。对于很多美国人来说，如果一瓶水涨 50 美分，并不会对他们的消费产生很大的影响。当然并不是每个人都这么想。对某些人来说，这也许就是压死骆驼的最后一根稻草。这些额外的花销会把他们推到一个临界点，他们有可能会选择另一个更便宜的普通品牌，或是干脆彻底放弃瓶装水而转喝自来水。如果不涨价，那些原本愿意支付的顾客由于不用多付钱也会从中获利。这些可能要花在瓶装水上的钱现在仍然在顾客手中，这就是消费者剩余。按照一年全美超市瓶装水销售额大约 130 亿美元计算，单瓶装水这一项，消费者剩余就可以轻松达到数十亿美元，而经销商可以通过有选择性地针对一部分愿意多花钱的顾客而涨价来获得这部分利润。

从另一个角度，我们也可以将消费者剩余理解为顾客以低于经销商可以开出的最高价的价钱购买，从而所节约下来的那部分。如果想让消费者购买一种产品，价格必须是可接受的，要低于消费者的心理价位。当价格上涨时，到某一个临界点，消费者就会失去兴趣。再往上，他们就不会购买了。这个让消费者感到买不买无所谓的临界点就是消费者当时的心理最高价位。任何比临界点低的价格都会让消费者获利，这是关于消费者剩余很重要的一点。它代表了仍然在消费者手中而没有落入经销商手中的那部分钱。其数额是非常巨大的。习惯于花 1 美元买一瓶水的人在一定情况下可能会花 200 美元买一瓶水。想象一下任何紧急的状况，比如距离一场工作面试或是重要的公开讲话只有几分钟时间了，没有时间讨价还价，而不喝水又会非常口渴。再以红酒为例。一个平时只花 10 美元买普通红酒的人可能会多花十倍的钱，为了给同事留下深刻印象，或者与爱人庆祝特殊时刻。对于瓶装水也是如此，尽管它的价格相对较低。

水是生命所必需的，因此任何种类的水通常都具有巨大的消费者剩余。在必须的时候，我们会为了生存付出一切。但通常我们都只花了很少的钱，美国家庭关于水的年平均消费额大约只有 335 美元。我们愿意付出的和我们实际付出的价格之差就是还在我们手中的那部分钱。

如今美国人大多愿意付 1 美元甚至更多来购买一小瓶瓶装水，从而获得一点点方便。并且这一趋势还在日益增长，尤其是在公用饮水处越来越难找，已经不能满足人们需求的情况下。去罗马的观光客们仍然可以在街上找到饮水喷头，让人不时回忆起当年皇室给所有人免费供水的情景。如果你知道去哪里找，就会发现虽然纽约仍然保留了饮水喷头，但波兰泉已经遍及每一个角落。在毕雷出现之前，很少有消费者会花钱买水。水的巨大价值被消费者享有着而不是商业机构。后来内文斯在利文的愿景驱动下，运用少量的市场营销手段魔术般地创造了一种之前闻所未闻的产品。没有人一定需要毕雷，但是大量的广告宣传及其便利性使大家喜欢上了它。如今，人们都已经习惯了在他们需要的时候随时随地购买瓶装水，生产者因此而获得利润。

商家的终极目标

一家典型的食品杂货店有大约 3.8 万种商品，每一种都有单独的利润和消费者剩余。事实上，整个经济中的每一种商品和服务都有相应的消费者剩余，甚至包括一些特殊的免费东西，比如空气。任何消费都会产生一些各方竞相赚取的总剩余。哈尔·范里安（Hal Varian）是加州大学伯克利分校的经济学家兼谷歌首席经济学家，他撰写的微观经济学教科书一直被众多经济学专业的大学生使用，他在书中解释了空气的消费者剩余。"如果你想知道氧气的消费者剩余，那我们需要问的问题是'当你没有氧气时，你愿意花多少钱购买它？'答案当然是你所拥有的一切。"如果你从这个角度考虑空气的

第一部分
曾经：市场的演化

消费者剩余，那是极其巨大的。它的整个消费者剩余其实就是生命的价值。

然而在任何特定的时间，某一个特定产品的消费者剩余的多少总是会变化的。消费者剩余取决于每个人的具体需求及其备选方案。在某一刻，如果我们快要渴死了，我们可能愿意倾其所有买一瓶水。而另一刻，如果已经不再口渴，我们可能就不愿为之付出太多。出售瓶装水的商店知道在某些情况我们可能愿意付出比平常多得多，因此它们也会尽量匹配相应的价格。想想那些卖瓶装水最便宜的批发商店，通常是会员制商店如山姆会员店（Sam's Club），或像沃尔玛这样的折扣店，甚至是网上批发商。这些商家都非常清楚地知道，它们的消费者在购物时，不仅不是在购买时立即要喝。更重要的是，它们知道消费者在货比三家，如果价格不合适，他们就会去别处购买。这就是为什么它们试图提供全国范围内价格最优惠的瓶装水。

那么，通常什么地方的瓶装水卖得最贵呢？应该是餐馆。因为就餐时自己带水是非常不礼貌的，中途出去买毕雷矿泉水就更加不可思议了。第二贵的地方可能是机场。这是由于带水不能通过安检，乘客只能选择在机场购买，考虑到这一情况，机场就会提高售价。肯尼迪国际机场售价 3.99 美元的瓶装水在超市只卖 2 美元或者更低。便利店仅次于餐馆和机场。没有人会在那里买水除非他立刻要喝。而且在那种情况下，除了便利店通常也没有太多其他选择，想想高速公路休息站或游乐场。

因此，一瓶水会因不同情况而在整个经济中有不同的价格。经销商卖得越贵，他们获得的消费者剩余就越多。因此这几乎无穷无尽的消费者剩余，正是商家的终极目标。

自从市场出现以来，消费者剩余和生产者剩余就一直在商业领域斗争。而这个概念则是由英国经济学家阿尔弗雷德·马歇尔（Alfred Marshall）正式提出的。马歇尔在他的主要著作《经济学原理》（*Principle of Cconomics*，1890 年出版）中解释了生产者剩余和消费者剩余这两个概念。在这本开创性的著作中，马歇尔建立了最基本的供给需求曲线，这一曲线至今仍被经济系的学生和专业人士用来理解一些特定的公司和行业。他提出的著名的"剪刀模型"——上升的供给曲线和下降的需求曲线交于一点构成类似剪刀的形状，这一模型构成了微观经济学以及如今被广泛认可和使用的均衡价格、需求弹性、边际效用递减法则等概念的理论基础（如图1-1所示）。"马歇尔是现代微观经济学的创始人，他发明了供需分析的各种工具。他解释了竞争的市场是如何出清的，以及为什么这是最佳结果。"蒙莫斯大学经济学和金融学教授、《思想者的足迹——五十位重要的西方经济学家》（Fifty Major Economists）的作者史蒂文·普雷斯曼（Steven Pressman）解释道："更好的是，在竞争的市场中，每个人都支付相同的市场出清价格，尽管这些购买商品的人实际上愿意付出更高一点的价格。其中的差价就是消费者剩余，这就是竞争市场给予消费者的好处。"

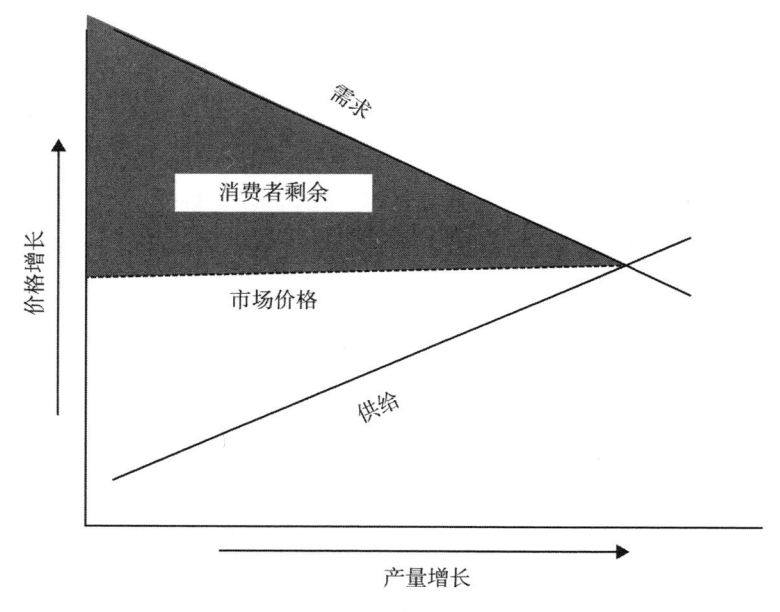

图 1-1 马歇尔"剪刀模型"

在马歇尔看来，消费者剩余和生产者剩余是双方参与经济活动所获得的好处，是巩固市场经济的共同利益。马歇尔被公认为对经济学理论产生深远

第一部分
曾经：市场的演化

影响的伟大经济学家之一，在他的努力下，经济学发展成为一门独立的学科。他建立的"消费者剩余"这一概念，是我们理解消费者如何在市场经济交易中获益的核心。

事实上，全国各地的卖家每天都在猜测消费者对于某一特定商品或服务的心理价位。市场营销和调查在很大程度上让这些估计变得更加精确。但一直以来，搞清楚每个人具体的心理价位是非常困难的，特别是当一个卖家要和成千上万不熟悉的顾客交易时。在这样的情况下，卖家会选择一个平均价位，一个他们认为绝大多数人都能接受的最高价位。并且这样一来，有着更高心理价位的消费者就会从中受益。这意味着，消费者和生产者共享了这部分剩余。

但那些真正了解消费者的商家会更有效地榨取消费者剩余。就像布鲁斯·内文斯开始出售瓶装水一样。通过研究焦点人群，他找出了消费者可能接受的价格。我们也可以从水管工在不同社区维修水管时的账单中发现一些规律。水管工是为自己工作，因此具有自己定价的权利。当他来到长岛某个高档社区时，他看到了豪华的房子、前来开门的管家以及屋子里精美的古董，他可能会在账单中开出平时两倍的价格，因为他知道主人能够负担得起。他也许还知道这家人晚上正要举办宴会，他们迫切地需要水管工立刻修理以避免尴尬。接下来，他可能会去一个蓝领社区。在那里，他看到年轻的妈妈带着三个孩子住在靠近铁路的小房子里。她唯一的浴室可能已经漏水很多天了，忍无可忍之下只好喊人过来看看。在这种情况下，他可能会比其他情况下收得更便宜些，因为感觉到这家人的生活很拮据，她很可能没什么钱。

在水管工一天的工作中，他会根据每个顾客的情况估计他们能负担或者愿意负担的价格。这是一种下意识的行为，甚至不需要刻意为之。大部分的独立卖家都会这样做。例如，汽车修理工或者任何提供个性化服务的人。他们会试图先大概判断一下你可能会愿意付多少钱，这可能不是最终的价格，但设置了他们对小费的期望值。以理发师为例，他们可能会奉承一位有钱的顾客以期望拿到丰厚的小费。道理都是相通的，当生意人真正了解他们的顾客时，这些有价值的信息就会帮助其根据每一个顾客的承受能力，而不是根据交易市场的承受能力来收费。

如果经济活动中的每一笔买卖都可以单独协商，生产者或者消费者就有机会为自己争取更多的剩余。对于双方都互相认识的小买卖来说，这是可能的。但是截止到目前，在大规模的交易中这还无法实现。相比之下，将大量的商品按照统一的价格出售，远高于雇人与顾客讨价还价的效率。

在经济活动中，当卖家获得更多的消费者剩余后会发生什么呢？这可能会使消费者花在别的东西上的钱更少，也就是降低了他们对其他商品的需求，减少了其他市场的消费者剩余。如果一家公司真的获得了大量的消费者剩余，不仅仅会导致消费者经济上的困难，也会给其他公司带来压力。

消费者剩余是一个很抽象的概念，但它对于每个人都有着实实在在的影响。它关系到我们做的每一件事，关系到我们每次付钱买到或是免费享受到的每一样东西。每一天，我们都会买各种零碎的东西，一杯咖啡、一份午饭，一双鞋或是一张生日贺卡。大宗消费会相对较少，比如一辆车、一栋房子或是一笔教育经费。无论何时，我们买东西时都只会支付低于我们最高心理价位的价钱，从而得到差价的那部分利益。我们可以用那份额外的钱做任何我们想做的事情：存起来、花掉或是赠予他人。卖家抽取的剩余越多，我们支付的价格就越高。

现在让我们想象一下，如果卖家知道你非常想要某样东西会怎么样？以我们经常做的加油为例，试想当你开车时突然发现油箱快空了，你开到最近的加油站，甚至都顾不上看看这里汽油的价格。因为你正急着要去参加会议，而且你知道这个加油站经常有折扣。可当你刷卡并输入密码确认之后，屏幕上突然闪现出：今天没有折扣，普通无铅汽油每升 1.35 美元。你心里暗叫一声，你已经很久没买过这么贵的汽油了。你伸长脖子到处寻找广告价格，你发现对部分顾客的折后价是每升 0.95 美元。你肯定会想为什么我每升要多付 0.4 美元。但是你还能做什么呢？你已经迟了，没有时间可以浪费了。你也可

第一部分
曾经：市场的演化

以只加半箱油，迟些再找地方加满，但是你也不想再自找麻烦了。于是，你加满油走了。

如果卖家有能力获知你的特殊情况，它们会在你非常需要且不得不付更多钱购买的时候，趁机获取一大笔消费者剩余。每个人面对消息灵通的卖家都会束手无策。但是富人们的处境更加危险，因为从他们身上可以获取更多的资源。富人身上的消费者剩余远远多于社会底层的人们。这一点可以从最近的一个美国富人身上看出来，这位"慷慨"的74岁百万富翁名叫罗伯特·伍德·约翰逊二世（Robert Wood Johnson Jr.），他因患癌症即将离开人世，他用一句话总结了消费者剩余："我是百万富翁，如果有人能让我恢复健康，我愿意用我的一切来交换。"所有人在生命的某个时刻都会愿意用自己的一切来交换他们想要的东西，可能是一个人工肾、一瓶水或者一箱汽油。我们越富有，卖家得到的就越多。说得通俗些，我们越有钱，就越愿意花钱。

消费者剩余是经济活动中的终极价值。受到威胁的东西其实很多，基本上你银行账户的一切、你的房产甚至你拥有的一切都在其中。然而那还不是全部，你未来可能挣到的钱也包含在内。在我们进行大宗消费时，比如大学学费、买车或者买房，价格是在你未来收入的基础上给出的。以房屋贷款为例，想让消费者支付比他们对房屋预期价格更多的钱，了解消费者赚钱的潜力是一个关键。银行对你未来收入的期望值越高，你可以借到的钱越多，因此你可以负担的价格也就可以越高。那么当消费者剩余面临争夺时，你可能会付出的到底是什么呢？不仅仅是你已经拥有的一切，还包含了你将来可能拥有的东西。以往，还没有企业或卖家有能力系统而精确地赚取大部分的消费者剩余。直到今天……

ALL YOU CAN PAY

第 2 章
正在消失的大众市场

曾经大众市场定义了一个消费者主权的时代，在那个时代，很多方面都是消费者说了算，如今细分市场开始逐步取代大众市场，企业不再同时为所有人服务，而是为你提供专属的服务，这个专属的服务会有一个专属的价格，这个专属的价格往往正好掏空你的钱包。

1921 年，福特汽车公司是一个不可战胜的神话。它在整个汽车市场中一枝独秀，市场份额几乎是通用汽车公司的 5 倍，没有任何一个品牌能与之一竞高下。当时美国制造的轿车中 56% 来自福特，而它最大的竞争对手通用汽车只占了 12%。通用汽车的副总裁阿尔弗雷德·斯隆（Alfred Sloan）早已不满足于这个数字，几年前，他就曾经策划了一个重振通用汽车的计划，但当时，通用汽车的创始人兼总裁威廉·杜兰特（William Durant）却完全不感兴趣。现在，斯隆有了一个盟友——通用汽车新上任的总裁皮埃尔·杜邦（Pierre DuPont）。

斯隆非常明白通用公司是没法在价格上和福特公司竞争的。亨利·福特（Henry Ford）已经将削减成本做到了极致。通过非常高效的大规模生产，福特公司制造出了适合大众市场的汽车。在福特的伟大创新之前，汽车一直是富人的玩具。然而，福特的梦想是人人都可以拥有汽车，实现这一梦想的前提是人人都买得起汽车。当福特在 1908 年首次推出他的 T 型车时，价格

第一部分
曾经：市场的演化

是 825 美元。等到 1915 年，他将价格降低至 400 美元，到了 1925 年，又进一步降低至 275 美元。

福特之所以可以降低 T 型车的价格是因为他将其做成了一个标准化产品。T 型车在当时非常先进，设计也非常简单，很容易装配。渐渐地，福特放弃了设计更多车型的计划，将所有精力都投入到了 T 型车上，使其生产效率进一步提高。福特还提供过一项非常著名的服务：把黑色的 T 型车漆成任何消费者想要的颜色。他采用的是一种快速并且廉价的方法。生产标准化产品带来的好处是巨大的。在福特公司的巅峰时期，世界上一半的车都是 T 型车。

当福特致力于开发大众市场时，斯隆也找到了属于他的机会。通用汽车虽然在价格战中无法胜出，但它可以提供一些福特所不能提供的东西——多种车型以及客户化定制。在斯隆看来，彻底革新过于昂贵，而外形的优化不仅便宜、快速，而且同样会令消费者为之兴奋。斯隆采用了在标准车型上对外形稍加修饰的策略，准备以此来争夺福特的市场。通用汽车建立了五个不同的子品牌——雪佛兰（Chevrolet）、庞蒂亚克（Pontiac）、奥斯莫比（Oldsmobile）、别克（Buick）和凯迪拉克（Cadillac），将市场细分为不同的价格区间。尽管它们看上去完全不同，但实际上除了外形没有太多根本的差异。有时通用旗下不同的子品牌汽车使用的就是同一款车身，只是配上了不同的挡泥板、车灯和装饰物，从而使外形看上去有所不同。除了单调的黑色之外，通用还开发了名叫"Duco"的新型车漆，使消费者可以任意选择车子的颜色。为了刺激消费者，斯隆甚至每年推出一款新车。尽管对于工程师来说新款并没有太多改变，但在消费者看来却是焕然一新的。

这些举措的效果极其惊艳。在短短四年里，通用汽车公司的市场份额增加到了 20%，而福特则降至 40%。到 1927 年，通用汽车公司的销量已经超过福特汽车公司，福特汽车公司的销售额开始直线下降。于是，福特汽车公司不再生产 T 型车，而是推出了另一款看上去更加豪华的 A 型车。两年之后，福特的市场份额降到 31%，而通用则升至 32%。1940 年，通用以 48% 的市场份额垄断了全球市场，而福特只有 19%。随着市场份额的变化，盈利状况也在随之改变。20 世纪 30 年代，福特汽车公司亏损严重，而通用则赚得盆满钵满。两家公司的地位彻底互换。

20 世纪 20 年代通用汽车的崛起和福特的没落是大众消费市场开始消失的标志。福特创造了人人相同的 T 型车，使其成为标准化产品的典范。而斯隆的天才之处则在于他发现了美国人想要的是不同的车，他们希望自己的汽车有个性，从而使自己显得与众不同。最初被 T 型车所吸引的消费者很快就会有更多的需求。医生和企业高管们不想与企业蓝领们开着同样的车。斯通恰好迎合了这类涌现出的新需求，追求多样化和个性化。当福特汽车公司开发出 T 型车，并将其单价降为 275 美元时，它损失了很多消费者剩余，那些钱是消费者会花掉的，但当时仍然留在他们的钱包里。而通用汽车则通过一些简单的客户化定制，从而有能力卖出更高的价格，抓到额外这一块的消费者剩余。细微的变化，甚至简单到将黑色变为亮红色，使它的产品卖出比 T 型车更高的价钱，同时销量更高。通用汽车的巨大成功掀起了一场从单一、标准化产品转变为细分市场和个性化产品的浪潮，这一趋势直到今日还在继续。

咖啡市场的演化

大众市场一直在变化。自从它出现的那天起，就有无数像通用汽车这样的公司试图按照消费者的消费能力和品位将其细分。在 20 世纪，当供消费者选择的产品数量急剧增加时，这一趋势变得愈发明显。市场被划分得越来越细，对消费者产生了非常深远而实际的影响。以咖啡这种简单的农产品为例。在 20 世纪 50 年代，全美的咖啡都是一样的，而现在情况大不相同。每当有新产品进入市场，消费者的选择就会变得更加丰富，这很大程度上影响了消费者和市场，但也同时会产生负面影响。

如果要精确地定位咖啡市场开始改变的时间，那应该是在一种名叫努瓦克咖啡（Kopi Luwak，又称为"猫屎咖啡"）的奢侈品咖啡被引入市场的那一刻。这可能是目前所知的最昂贵的咖啡了，只在像伦敦哈罗德百货（Harrod's

第一部分
曾经：市场的演化

这样的商店里出售。这种咖啡豆产于印度尼西亚，在20世纪90年代被托尼·怀尔德（Tony Wild）发现并引入英国。他是英国皇家泰勒公司（Taylor's of Harrogate）咖啡业务的主管，这家位于英国北部的专门经营红茶和咖啡的公司为他的家族所拥有。

怀尔德仍然非常清晰地记得那一刻的情景。当时他已经与一个瑞士咖啡商谈了一个小时，感到非常不耐烦，正准备放下电话。那个咖啡商一直在试图兜售那些老套的高档咖啡——肯尼亚咖啡（Kenyan）、哥斯达黎加咖啡（Costa Rican）和哥伦比亚咖啡（Columbian）。但是怀尔德当时正四处寻找能让家族生意名扬四方的方法。他想要的是一些能够脱颖而出、吸引眼球的东西。简单来说，他就是想要一些会让咖啡迷们愿为之掏腰包的东西。咖啡和茶对于怀尔德家族的人来说似乎早已融入他们的血液之中。他的叔叔在第一次世界大战之后从瑞士来到英国北部，在田园诗般宁静美丽的哈罗盖特（Harrogate）温泉小镇以及其他地方开了数家环境优雅的咖啡店，也就是今天非常有名的贝蒂茶屋（Betty's）。怀尔德的父亲继承了贝蒂茶屋，并在20世纪60年代将其与皇家泰勒合并，怀尔德成年之后被送往伦敦学习一些关于咖啡的知识。

当怀尔德正听得不耐烦的时候，他突然隐约想起一些他早些年前看到过的东西。在学徒时期，他经常泡在伦敦的国际咖啡组织图书馆（International Coffee Organization Library）里。一次偶然的机会，当他正在翻阅某期《国家地理》（*National Geographics*）杂志时，他被一些东西吸引住，一篇小文章介绍了一种产自印度尼西亚苏门答腊岛非常稀有、口味特别的咖啡豆。"到底叫什么名字呢？"他努力回忆着，"大概是努瓦什么的，对了，努瓦克咖啡。"想到这里，他打断了那个咖啡商，对他说："帮我收购1千克努瓦克咖啡。"那个急于做成生意的咖啡商同意了，谈话就此结束。没多久，怀尔德就把这件事忘在脑后了，他根本没指望那个咖啡商能真的做成。

在怀尔德最初求购努瓦克咖啡的三个月之后，他接到了那个瑞士咖啡商的电话："我已经买到了你要的1千克努瓦克。"怀尔德大吃一惊，问道："什么价钱？""150美元。"商人回答道，这相当于当时普通咖啡价格的

50倍。在他们商量好具体事宜之后，怀尔德开始思考他应该怎么处理这些特别的咖啡。

怀尔德希望努瓦克咖啡背后能有一个动人的故事，而事实的确如此。"Kopi"是当地语言中咖啡的意思，而努瓦克（Luwak）是印度尼西亚当地对亚洲棕榈猫（又名麝香猫）的称呼，这是生活在岛上丛林中的一种像猫的小型动物。所以努瓦克咖啡又被称作"猫屎咖啡"。在怀尔德看来，这种咖啡的与众不同的加工方式会成为它最大的卖点。这些野生的"麝香猫"喜欢挑选咖啡树中最成熟香甜、饱满多汁的咖啡果实当作食物，经过大约24小时的消化，果实外表的果肉被消化掉了，而那坚硬无比的咖啡原豆却被原封不动地排出体外，再经过收集清洗就制成了咖啡豆。据专家介绍，正是消化道的处理过程让咖啡豆产生了无与伦比的神奇变化。由于这种来自于大自然的奇妙过程只发生在少数几个种植园中，这也就意味着努瓦克咖啡的产量非常稀少。

几周之后，怀尔德在泰勒公司召开记者招待会，并准备了各种不同的咖啡供大家品尝。当大家品尝努瓦克咖啡时，他给大家讲述了这种咖啡的由来。到场的十多位记者都表现出极大的兴趣，并展开了热烈的讨论。在把努瓦克咖啡介绍给英国媒体之后的一个月里，怀尔德开始踏上他的咖啡专家之路。如今怀尔德在回忆当年时说道："努瓦克咖啡是我最大的成功，它将我们的生意推向了全国。"

努瓦克咖啡的面世对整个咖啡工业产生了重大影响，并开启了顶级咖啡的市场。在努瓦克咖啡之前，咖啡市场分为三个档次：低档、中档和高档咖啡。每一档都有成千上万的消费者。但努瓦克咖啡改变了这个格局。事实上，怀尔德不仅仅是推出了一款新产品，更是开辟了高端咖啡的一块新市场——顶级咖啡。即使是怀尔德自己也是数年之后才意识到了这一点。在发现努瓦克咖啡几年之后，怀尔德告别了家族生意转而追求自己的文学抱负。他在2002年写了一本书《咖啡：黑色的历史》（*Coffee: A Dark History*）。在随后的十年中，他并没有太多地关注他的咖啡生意，直到他打算再次写书才重新开始

第一部分
曾经：市场的演化

研究。那是在 2012 年，怀尔德惊奇地发现努瓦克咖啡在上流精英社会中受到热捧。伦敦哈洛德百货中装在奢华的金色包装袋中的半千克努瓦克咖啡售价高达 700 美元，就连无所不有的俄罗斯石油寡头也为收到努瓦克咖啡作为礼物而感到开心。著名主持人奥普拉在她的节目中品尝努瓦克咖啡，并和观众分享她的体验。甚至连电影《遗愿清单》(*The Bucket List*)也对其大肆渲染。当时，努瓦克咖啡已经成为世界上最昂贵、最奢侈、最珍稀的咖啡。这让怀尔德着实得意了一把："我的'小宝贝'，简直太棒了！"

当努瓦克咖啡迅速流行时，它的产量也在不断增加。在野生环境中，全世界每年的总产量大约只有 1000 磅。这充满异国情调的咖啡带来的巨大市场使得人工培育逐渐兴起，目前人工努瓦克咖啡的年产量已接近 500 吨，比天然产量的 1000 倍还要多。当怀尔德了解到这些情况之后，他开始担心麝香猫的命运。当他读到英国《卫报》(*Guardian*)上关于野生麝香猫被人工圈养，并强制喂食咖啡豆来制作努瓦克咖啡的新闻时，他震惊了。"一种毛茸茸的可爱的小动物偷偷地钻进咖啡园，寻找咖啡树上最成熟香甜、饱满多汁的果实作为食物，当那些坚硬无比的咖啡豆经过它的消化系统被再次排出后，风味变得非常独特。最初吸引我的正是这样一个怪趣、迷人又有点恶心的过程。然而，现在一切都变得卑鄙、残忍甚至耸人听闻。"在发现生产努瓦克咖啡的黑暗内幕之后，怀尔德试图用很多方法来阻止对麝香猫的虐待。他参与了 BBC 对努瓦克咖啡生产过程的一项暗中调查，还一直向哈洛德百货请愿直到他们停止出售一种人工培育的努瓦克咖啡为止。2013 年下半年，他发起了一场对天然努瓦克咖啡的认证活动，要把人工培育的努瓦克咖啡驱逐出市场。这有些造化弄人的意味，当年一手打造了努瓦克咖啡的怀尔德如今在进行抵制大规模生产的运动。

努瓦克咖啡的兴起只是咖啡市场发生剧变的一个标志性事件。1950 年之前，美国所有地方，不管是纽约，还是密歇根州的卡拉马祖，都只卖一模一样的咖啡——普通的滴滤式咖啡，加奶或加糖。那时，美式咖啡是最典型的商品：标准化、便宜、质量一般。但那意味着，每个购买咖啡的人都非常清楚他们购买的是什么。最重要的是，他们很清楚一杯咖啡多少钱——10 美分，包括续杯。

现如今,还有人非常清楚一杯咖啡的价格么?即使在纽约市格林威治村的一个街区,一杯咖啡的价格也可能会相差甚远。在某些特色咖啡馆里,一杯努瓦克咖啡售价 30 美元,星巴克的大杯脱脂拿铁咖啡只需要大约 5 美元,而附近的唐恩都乐(Dunkin Donuts)一杯普通咖啡只卖 1.19 美元。目前市场上一杯咖啡的价钱可能会受很多因素的影响。意式浓缩咖啡还是普通过滤咖啡,公平贸易咖啡还是有机种植咖啡,小杯还是超大杯,在宾馆咖啡厅里出售还是街边小推车上出售?咖啡市场已经被划分为很多小块,咖啡正以各种各样不同的形式被出售。咖啡正在变得像红酒一样复杂精细且高度专业化,天气、土壤甚至邻近的树叶都被仔细记录下来,在市场营销的过程中与产品联系起来。当每颗咖啡豆都有了自己的故事时,它就不仅仅是咖啡了。

当你静下心来仔细想想也许会感到很惊讶,事实上咖啡只有两大类:占世界咖啡总产量 60% 以上的阿拉比卡咖啡(Arabica)和罗布斯塔咖啡(Robusta)。与罗布斯塔相比,阿拉比卡的咖啡豆稍大一些,同时它的生长环境更加凉爽干燥。但经销商们以及推波助澜的消费者们,根据从浆果生长到最终冲泡的每一个中间环节,把咖啡市场分成了很多不同的细分市场。从浆果种植说起,是公平贸易咖啡还是有机咖啡?不同的气候条件会导致不同的口味。国际咖啡组织对咖啡香味有多达 18 种不同的描述,从动物味(animal-like)一直到木头味(woody),每一种都对应着不同的口感。是不是用某种特定方法烘培?是不是不同的冲泡方法?意式浓缩、滴滤、法式滤压壶、渗滤式咖啡壶、单杯机还是速溶?选择似乎是无穷无尽的。单单是意式浓缩这一类,还可分为卡布奇诺、拿铁、摩卡、白咖啡、美式咖啡、玛奇雅朵、欧蕾咖啡、可塔朵、芮斯崔朵、双份浓缩咖啡,这还没算上添加了风味糖浆的咖啡饮料和某些也很受欢迎的冰冻咖啡。最后再想一下咖啡是装在哪里的,是精美奢华的瓷器还是从收银台递过来的纸杯?

在美国,星巴克咖啡是细分大众咖啡市场的主要推动力。自从星巴克于 20 世纪 80 年代出现以来,美国人就可以买到原来只有在高档餐厅或者到意

第一部分
曾经：市场的演化

大利以及其他欧洲国家旅游时才能喝到的各种咖啡。美国人很喜欢这些新选择，靠着多种多样的浓缩咖啡以及命名奇怪的杯子尺寸，星巴克很快就风靡全美。在外面喝咖啡成为美国人一种新的生活习惯，当然也是因为这里的咖啡比大部分美国人之前喝的都好喝。变化同样意味着更高的价格，一杯普通的滴滤咖啡只卖1美元，而星巴克的一小杯拿铁，当然他们称之为中杯，则要三倍的价格。

美国咖啡市场的划分一直在朝着越来越细的方向发展。现在美国人经常花高价购买精心调制的个性化咖啡。在纽约的格雷戈里咖啡（Gregory's Coffee），咖啡师可以根据每个客人的喜好单独为他们调制咖啡。不管你喜欢轻度烘焙的咖啡豆还是刚收获的新鲜咖啡豆，为你调制咖啡的人都会尽可能满足你的要求。也许你想在澳洲特色咖啡中加牛奶做成白咖啡，这也不成问题。牛奶又有哪些选择呢？全脂、脱脂、有机、豆奶、杏仁奶、椰奶甚至更多。还一些特色咖啡店出售自己烘培的咖啡豆以及从全世界各地搜集来的新品种咖啡。正如星巴克20世纪80年代和90年代成为生活中不可或缺的一部分那样，如今这些特色咖啡店开始逐渐取代它的市场地位，曾经彻底改变咖啡市场的星巴克将在新一次的市场更迭中逐渐淡出。

"选择"对咖啡消费产生了很有意思的影响。根据美国国家咖啡协会（National Coffee Association of America）统计，咖啡消费在20世纪50年代和70年代之间有所下降。80年代之后又有所回升，几乎回到历史最高点。尽管速溶咖啡、脱咖啡因咖啡和一些传统咖啡的消费量一直在下降，但是冰冻咖啡饮料和拿铁的消费量却在增加，这意味着特色咖啡店在繁荣发展。根据《纽约时报》的数据，2014年每三天就有一家新的咖啡店开业，很多高端特色咖啡店看起来都正在扩张。

同时，美国消费者花在咖啡上的钱也比以前更多了。一方面是因为干旱和天气变化导致咖啡豆的价格不断上涨，但另一方面也是由于购买咖啡时的选择越来越丰富了。咖啡饮料的种类在激增，价格也在不断上涨。调查显示美国工人平均每年在咖啡上开销1092美元，平均每个工作日4美元。也许我们中间的很多人从没想过每天几块钱的咖啡加起来竟然有这么一大笔开销。即使算上通货膨胀，20世纪50年代的工人在咖啡上的花销也远远没有这么多。

随着咖啡市场的变化，我们的选择越来越多，获得的价值越来越多，同时为购买每一杯咖啡所付的钱也越来越多。我们都知道，一杯使用来自异国特殊烘培的咖啡豆特制的卡布奇诺，比从快餐车上买的普通过滤咖啡要昂贵得多，但具体贵多少却不太清楚。如果你试着搜索一杯咖啡的平均价格是多少，就会发现找到权威的数据来源非常困难。根据 Statistic Brain 网站统计，一杯现煮咖啡的平均价格是 1.38 美元，而一杯意式浓缩咖啡则要 2.45 美元。但这个数据是来自消费水平都很高的纽约呢，还是来自消费水平相对低的小镇呢？事实上，寻找具体某个商品的产品数据和价格信息并不容易。通常网站上查询到的价格都是根据聊天网站和广告中的碎片信息整理而来的，谁会将整理好的价格信息放在消费者能直接看到的地方呢？这又不是平常那些对咖啡进行比较的消费者报告。事实上，唯一真正可靠的价格来源是商家自身。它们掌握着所有的价格信息，但不会和消费者分享这些有价值的信息。

当咖啡市场被分解为很多不同的部分时，我们也就没有可靠的方法去了解我们所支付的价格是否合理了。标准化的滴滤式咖啡已经不存在了，同时消失的还有我们对一杯咖啡的价格的概念。星巴克曾经为意式浓缩咖啡建立了一种新标准，然而随着这种标准也逐渐过时，以及《纽约时报》2014年5月在美食版面所报道的"为每一位客人精心调制的独一无二的咖啡"（*painstaking prepared coffees, made to order*）的兴起，所谓的标准咖啡产品和价格已经不复存在了。尽管这种改革是由高端咖啡开始的，然而一杯可以卖到 5 美元甚至更多的咖啡让低端咖啡经销商受益更多。唐恩都乐没有公布过它的商业数据，因为从 2008 年起，它就被三家私人股本公司 Bain、Carlyle 和 Thomas H. Lee 所控股。这项投资肯定是稳赚不赔，这些精明的投资者一早就看出，当星巴克已经让消费者接受一杯咖啡价值 5 美元甚至更多的时候，这也正是给更普通的咖啡产品涨价的好时机。

第一部分
曾经：市场的演化

大众市场的分裂

　　大的经济转变需要时间来完成，大众市场的分解也不例外。与绝大多数重大变革类似，这一过程带给消费者的影响具有两面性。大众市场曾经让消费者和生产者都获益良多。作为一个相对较新的现象，大众市场在20世纪登上历史舞台，以统一的价格向广大消费者供应统一的商品。为了增加消费，各种大众传媒席卷全世界。先是报纸，接下来是广播，后来又有了电视，它们都在源源不断地向广大消费者传递信息。为了能够实现大规模销售，讨价还价不再被允许，取而代之的是价格透明机制。市场营销人员们纷纷集中火力争相抢占最大比例的目标消费者——普通消费者。大众市场带来的这一系列变化的好处是巨大的：整个市场变得物资丰富、价格实惠同时利润可观。

　　对于公司来说，建立统一价格的透明市场让它们赚取了前所未有的利润。当某个经销商以低于市场价格的成本生产出某种产品时，它们就获得了剩余价值。在大众市场，生产者通过压低成本和提供最抢手的商品来达到大量销售，从而积累了空前的财富。美国消费者心目中的偶像们统治了它们所在的市场。先是福特，接着是可口可乐、汰渍，还有百威。这些公司的产品给消费者带来了很多好处，不仅减轻了家务劳动，而且与本地生产的产品相比价格更低、质量更加稳定可靠。大量的利润集中到了这些大公司以及它们的股东手中。

　　对于消费者而言，大众市场带来的好处更多。普通消费者的选择权越来越大，可以选择最好的也可以选择相对较差的。大众市场定义了一个消费者主权的时代，在这个时代，很多方面都是消费者说了算。比如公司生产什么，生产多少，提供哪些商品和服务都要受消费者所左右，甚至价格也会随着消费者的需求调整而调整。公司通过研究消费者的习惯来预测接下来能给繁忙的美国家庭提供什么样的产品来帮助他们提高效率，使家务变得更加简单。在整个大众市场时代，美国的消费经济得到了蓬勃发展。因为公司主要针对的是普通消费者，很大一部分剩余掌握在消费者手中。这让美国人民的富裕程度达到了前所未有的高度。消费者有了更多的钱，他们也就消费得更多，推动经济增长一直持续到20世纪后半叶。伴随着美国企业的成功，大众市场的发展也从根本上推动了富裕的中产阶级的形成。多年来，大众市场让生产者和消费者都达到了一种非常稳定的状态。

咖啡市场的变革遵循了一种公认的模式，在很多方面都与瓶装水市场非常类似。在毕雷之前，大部分美国人都只付很少的钱购买自来水，而布鲁斯·内文斯却发现了水这种天然商品背后的商机，并将其分成了两块市场：瓶装水和自来水。自来水是低端产品，而瓶装水则占据了中端和高端市场。在瓶装水市场内部，还有进一步的细分。达萨尼和纯水乐先后加入这场"战争"，争夺瓶装水的中端市场，而依云（Evian）和圣培露（Pellegrino）服务的则是高端市场。之后，更多的高端瓶装水进入了市场。消费者们甚至可以买到塔斯马尼亚雨水（Tasmanian Rainwater）、号称"史前万年矿泉水"（10 Thousand BC）的冰川水，甚至考娜尼加瑞矿泉水（Kona Nigari）等各种昂贵的高端瓶装水。其中考娜尼加瑞矿泉水是从夏威夷的海岸线以外抽取上来的深海海水经过蒸馏处理而制成的，以浓缩的形式出售。在米兰的一家百货公司，装在金光闪闪的瓶子里的布岭（Bling）矿泉水售价高达350欧元，也就是400多美元。在水、咖啡还有很多其他市场上，细分程度越高，平均价格也就越高。

当我们与标准化的产品和服务渐行渐远时，那些曾经在大众市场时代叱咤风云的公司现在又试图将市场进行越来越小的细分，从而拉开价格档次，获取更多的消费者剩余。让我们用这样的思路来想一想，试想现在有一种产品无论是高收入者、低收入者还是超级富豪都在使用。例如，曾经有一个时期几乎每个家庭都拥有一辆福特T型车（即使同时也有劳斯莱斯），或是一台胡佛吸尘器，所有社区居民家里的食品储藏室都有金宝汤的浓汤罐头和亨氏番茄酱。今时今日，仍然保留在大众市场中的产品的最好例子可能就是可口可乐了。即使是巴菲特也和其他每个人一样，喝着同样的可乐。到目前为止，可口可乐公司还没有根据消费者的层次进行市场细分。它增加了新口味和新配料的产品，但也只是在很小的范围内进行调整。健怡可乐（Diet Coke）和

第一部分
曾经：市场的演化

普通可乐的价格通常是一样的。你可以花更多的钱买装在具有可口可乐标志的玻璃瓶里的可乐，也可以买用蔗糖替代玉米糖浆的产自墨西哥的可乐，但是在市场上，既没有真正的豪华版可乐，也没有低端可乐。绝大多数情况下，整个美国市场上的产品都是一样的。但是在其他经济领域，根据消费者的消费能力开发出很多不同类型的产品是很常见的。比如牙膏，市面上有很多种口味、颜色以及功效。有美白的、预防龋齿的，还有保持口气清新或是保护牙釉质的。单单高露洁一个品牌就有几十种不同的产品，这还不包括儿童系列。罐装意大利面酱也是一样，光肉酱就有36种不同口味，通常价格也不尽相同。

市场不断被细分既会给销售带来好处，也会带来坏处。它让价格变得模糊。消费者有了更多的选择，但同时也更拿不准每种商品的标价是否公平合理。斐济水（Fiji water）应该比波兰泉贵多少呢？对于消费者来说，标价是唯一的信息。经销商们非常清楚这些产品到底有什么不同以及实际成本相差多少，而消费者却一无所知。回过头再想想咖啡，唐恩都乐的咖啡1美元一杯，而星巴克的大约需要4美元。哪个对消费者来说性价比更高呢？它们的利润各有多少？

大量证据表明，市场细分后导致价格不再与成本直接挂钩。这也许是显而易见的，因为如果没有更多的利润，也就不会有如此多的分割。澳洲航空公司（Qantas）每天都有从洛杉矶到悉尼的航班，航程大约是14小时。对于长途飞行，舒适度是非常重要的，但是当你看到澳航的不同票价时，你肯定会好奇这些票价相对其成本是否合理。经济舱的往返机票需要2000美元，而根据2014年12月的订票记录，同一航班的头等舱则需要15 000美元。一个头等舱座位的成本真的有经济舱的8倍这么多吗？当然，头等舱的空间大约是豪华经济舱的5倍，食物更加精美，办理登记手续更加方便。但同时头等舱的乘客数量和行李重量也更少，这意味着消耗的燃料更少或者可以留出更多的空间给收费的托运行李。航空专家也承认豪华舱比经济舱更加赚钱。这些都证明了公司通过市场细分能够更容易地赚取额外的消费者剩余，尤其是在高端市场。

当公司把市场分割得越来越小时，每一小块市场里的消费者都减少了，同时变小的还有大众市场中大量消费者集中在一起所产生的影响力。再以咖啡为例。从前不管是低端、中端还是高端市场，都集中了数百万消费者。然而今天，努瓦克咖啡的消费者可能只有几千人。从逻辑上说，市场细分可以一直进行到每一种商品只有一位消费者。数字的变化伴随着影响力的变化，单个的消费者再也没有和大公司"叫板"的资格。

在大众市场时代，巨大的消费者群体有着巨大的影响力，可如今却发生了戏剧性的逆转。让成千上万各不相同的消费者购买你的产品，让一个你非常了解的消费者购买你的产品，这二者是非常不同的。以薯片为例。薯片生产商希望把自己的产品卖给很多顾客。有三分之一的顾客只是想买薯片，对口味或价格都不太挑剔。他们没时间精挑细选，对买到的产品基本都能接受。还有三分之一愿意付钱，但前提是质量和口味俱佳。最后三分之一并不是很在意口味，但对价格很敏感，他们绝不会花2美元以上去买一包派对上常见的大包薯片。在这种情况下，经销商进行市场细分势在必行。如果它们不进行分类还想满足所有消费者的需求，就不得不只卖优质薯片，而且定价不高于2美元。这样一来，相比被分割到不同的市场，消费者们得到了更多实惠，而生产商则不得不放弃本该有的一部分利润。相反如果经销商根据消费者的特点将市场进行细分，那它们就会得到更多的剩余，而消费者则会蒙受一些损失。

同时，随着市场细分的程度不断提高，消费者能获得的信息也越来越少。如果市面上有50种不同的洗衣液，每种的成分和价格都各不相同，那么消费者想从中挑选出最好的就不是一件容易的事情。用多种选择让消费者感到眼花缭乱是一种常见并且非常有效的商业手段。消费者通常会对某些品牌产生一定的信任度及购买习惯，即使它们实际上并不是最经济或者最适合的。这样，经营这些品牌就会获得丰厚的利润。

目前，对于愈演愈烈的市场细分还有另一种观点。当市场被划分得越来越小时，大众产品也就变得不值钱了。例如，当每个人都只喝自己喜欢的瓶

第一部分
曾经：市场的演化

装水时，也就不太关心当地自来水的质量了。如果更多的人有了自己的发电机，大家也就越来越不在意公共电网的可靠性。消费者被分到越来越小的细分市场，意味着他们不再有共同的兴趣和需求，这是降低消费者影响力和拉低对共享商品需求的有效手段。参考公共教育，当美国越来越多的富人将他们的子女送到私立学校时，愿意投资提高公共教育质量的人就会更少。市场细分增强了社会的不平等以及等级观念。随着市场的分裂，消费者们不再坐在同一条船上了。

当然，大众市场的分解也不全是负面效应。毕竟，产品的多样化给了消费者更多的选择，而且这也是富裕生活的一种重要组成部分。同时我们也的确看到了产品和服务的价值提升，正如绝大部分人都会认为现在的咖啡口味比20世纪50年代更好。如今，几乎全国所有地方的消费者都可以享受到他们想要的任何咖啡。市场细分使每一个心血来潮的想法或是每一个梦想都得到了满足。但是，这也是有代价的。瓶装水远远比自来水要贵。也正因为付出了相应的代价，你才收获了方便和精神享受。同样的道理，指定咖啡豆的种类以及烘培和冲泡的方法，也会使咖啡变得更加昂贵，更别说还要把拿铁的奶泡做出一些类似艺术品的漂亮图案了，如今的咖啡师连咖啡奶泡的图案也不得不一竞高下。

当下我们过分地关注着产品的多样化和个性化，而忽略了我们正在放弃的东西。当大众市场逐渐消失时，价格体系也日渐复杂。我们越来越难以知道同样的商品卖给其他消费者的价格。这在整个经济体中随处可见，简单至咖啡，复杂至各种金融服务。

想想银行业，你知道现在30年的房贷利息是多少？如果你曾经买过房子，你可能会有个粗略的概念，但也仅仅是粗略的。因为每家银行的条款都不一样，甚至每个贷款人的利息也不尽相同。前些年，银行还会公布贷款利息以及贷款资格的审核结果。每一位买家都非常清楚地知道30年贷款需要支付多少利息。现在情况已经大不相同了。银行不再提供统一的30年贷款，而是根据贷款的具体条款和每个贷款人的信用度来决定。你的信用度越差，你需要付的钱就越多。这就是银行贷款的逻辑，因为信用度越差也就意味着风险越高。但是从贷款人的角度，这个逻辑很怪，因为这样一来，恰好是那些最缺钱、最没办法的人付出的钱最多。最重要的是，从消费者的角度来看，你怎么知道你拿到的是最公平的价格？

再想想其他经济领域的情况。你曾经可以在任何一家麦当劳，用同样的价格买到一个乳酪汉堡，现在已经不可能了。现在每家麦当劳可能都有不同的价格标准和套餐搭配。当你访问麦当劳的网站时，你会看到关于每种汉堡、三明治以及其他产品的营养成分和卡路里的大量信息，但是不包括价格。你不可能知道乳酪汉堡在加州的圣塔芭芭拉或者得州的圣安东尼奥分别卖多少钱。无论你是从网上还是什么其他途径，都不能找到结果。

不管从哪个角度看，我们对价格的了解度都在不断降低。手机的月结账单是出了名地令人费解，似乎每个月都有些莫名其妙的变化。你如何才能知道手机服务的合理价格应该是多少呢？甚至没有人试图去解答这个问题。但是，知道消费者们是否被合理收费是非常重要的。例如在美国，手机的数量已经越来越多地超过固定电话的数量，但是却没人知道关于美国和其他国家之间手机费用比较的最新研究结果。尽管大多数人都感觉手机话费太高，但除非有特别过硬的理由，否则很难有任何改变。最近的研究成果是由总部设在纽约和华盛顿特区的、被称为"智库中的智库"的开放技术研究所（Open Technology Institute）发布的。这个研究所是新美国基金会（New America Foundation）的一部分。2010年，开放技术研究所发现在美国一个手机套餐每月的最低消费为59.99美元，而在英国只需要32.40美元，也就是说英国的价格大约是美国的一半。如果没有这样直接的价格比较，消费者就不会期望更低的价格。开放技术研究所的一位研究员萨沙·迈因拉特（Sascha Meinrath）称，在下一个十年，美国消费者可能会多付超过250亿美元的话费，但只能得到比其他国家更差的服务。同样很有意思的是，开放技术研究所没有继续更新该研究成果的原因。迈因拉特说："我们所看到过的最好数据就是我们自己挖掘到的。这个项目需要很多不同语种的工作人员花很多时间与各

第一部分
曾经：市场的演化

个国家的供应商沟通交流，搞清楚每种套餐到底要花多少钱。这可能就是之前从来没有人做这方面研究的原因。"手机服务的价格体系非常不透明，要想让消费者弄清楚需要花费大量的经济和人力资源，如果消费者变为单个的群体，那怎么可能搞得清楚收费是否合理呢？

不仅是手机费用，在医疗保健市场也是如此。多亏了"奥巴马医改"（Obamacare）政策，美国人才对每年的医疗保险费用稍稍有所了解，但除此之外看医生或是接受某些治疗还要花多少钱呢？没有人能回答这个问题，甚至连医院或医生办公室也没法回答这个问题。这是一个包含了各种不同的共付额（copay）、承保范围（coverage）和免赔额（deductible）的复杂得让人不可思议的系统。这还是买了医保的情况。如果你没有医保，那医生办公室就可以随意收费。你知道纽约地区置换膝关节或者髋关节的费用是多少吗？纽约州扬克斯市的圣约瑟夫（St. Joseph）医疗中心的平均费用是 17 068 美元，而新泽西州泽西市的基督（Christ）医院则要收 139 072 美元。这两家医院都是位于纽约市的大型综合医院，相距只有 30 英里，但是对于同样的治疗过程其中一家的收费却是另一家的 8 倍。

事实上，在目前的经济体系中已经没有哪个领域内的价格是完全透明公开的。比如最常见的产品——牛奶。每个超市的价格都不相同，并且还有各自的促销活动。不同种类的牛奶也有很大差异，有机、无激素或者普通牛奶，它们价格都不一样。类似的还有汽车。它的价格也取决于顾客的选择。更有甚者，现在的大学学费都会随着家庭收入和资产不同而不同。价格是市场上对消费者来说最重要的信号，是消费者做决定的判断标准。价格是一个产品或服务进行交易时的数字，它将所有的一切都归结到一个点上。没有公开透明的价格体系、统一的商品和有序的市场，卖家们就会掌握所有信息而消费者则被蒙在鼓里。如果你都不知道别人付了多少钱、买到了多少东西，又怎么可能清楚自己是否受到了公平对待呢？但这一切都被卖家所掌控，他们很清楚你以及每个人付了多少钱，还有成本到底是多少。

大众市场在不断瓦解，这是因为市场细分能给卖家们带来更多的利润。

卖家们认为将市场分成很多小块是他们可以用各种不同价格来取代统一价格的大好机会。通过市场细分，卖家们可以更准确地估计每一类消费者所能承受的最高价格。产品的细小差异就可以让卖家制定大相径庭的价格。大众市场的逐渐消失意味着什么？它意味着卖家正在从消费者手中获得更多的剩余，并且这一趋势已经持续了数十年。

理论上说，大众市场的分裂会给消费者和卖家都提供更多的选择和财富。这种结果在很多卖家同时竞争的情况下有可能会出现。但实际上将市场细分是蚕食消费者剩余和剥削弱者的有效方法。企业试图将市场分成小块绝不是偶然，因为这可以让他们从富人手中获取更多的钱。大众市场的分解让统一的价格水平变得模糊，同时混淆了隐藏在大批量产品背后的市场力量。没有了大众市场，消费者就很难甚至不可能看清楚他们正在支付的是否是一个公平合理的价格。

网络本应该用知识赋予消费者更多的力量。当消费者用智能手机网购时，应该立即能看到其他商家同样的商品的售价。如果我们都在买一模一样的东西，这的确可以做到。但是商品的不断多样化使标准化商品逐渐消失，标准价格也不复存在。在数据与互联网时代，我们购买每一样东西的价格反而越来越不透明，无论从汽车到咖啡甚至大学学费都是这样。企业掌握着所有的价格信息。它们知道产品的成本，也清楚竞争对手的价格。而消费者却对这些一无所知。他们不知道成本，对不同公司之间的价格也无从比较，更不知道这些产品的最低售价能达到多少。通过大数据和数据分析，企业甚至进一步扩大了与消费者之间的信息差距，这意味着市场上的力量对比再次发生了改变。半个世纪之前，英国哲学家弗朗西斯·培根（Francis Bacon）说过："知识就是力量"。这一点在数字时代的经济领域中尤为正确。

ALL YOU CAN PAY

第 3 章
不断加深的知识鸿沟

> 谷歌对我们无所不知，我们却对谷歌一无所知。数据开始变得比你自己更了解你，甚至开始试图引导、操控你的行为。数据方面的知识鸿沟是指企业和消费者间巨大的信息不平衡，它自始至终都存在，并无时无刻不在加深。

2014 年 4 月 4 日，星期五，谷歌公司在其网站上显示的服务协议条款中增加了若干句子。就绝大部分而言，这个政策变化只是件不起眼的事，几乎不大可能登上新闻头条。但是，这些修改最终印证了一些大家怀疑已久的事情：如果你使用谷歌邮件（Gmail），谷歌会读取你的消息。

让人不可思议的是，这一坦白并没有产生很大的公众反应，的确令人震惊，因为书面通信的安全和隐私一直以来在美国和欧洲都是一个基本法律准则。对于窃取和读取信件的担心，一直可以追溯到邮政服务刚开始的年代。17 世纪 30 年代，在法国路易十三统治时期，杰出但专制的红衣主教设立了一个"密室"（法文为 cabinet noir），信件投递前会在那里被打开阅读。这样的窥探行为从来都不受欢迎，如今，信件的安全已被写入了多个欧洲国家的宪法。

在谷歌承认此事之前，关于这个互联网巨人是否读取电子邮件，一直有非常多的猜测。一些人甚至为此设计了一个实验。在2013年上半年，一家名为"High-Tech Bridge"的网络安全公司测试了50家互联网公司，看这些公司是否读取其客户的电子邮件。这家安全公司设置了一个聪明的陷阱，它使用每家公司的邮件系统发送私人电子邮件，该邮件中包含一个独特的网站地址。然后，High-Tech Bridge公司的技术专家就观察是否有公司访问该网站。在历经十天的实验过程中，若干家公司被发现点击了邮件中的链接，其中就包括谷歌、Facebook和Twitter。因此，谷歌、Facebook和Twitter被抓了个正着，它们都访问了本应只有电子邮件的发送者和接收者才应该知道的网络链接。当时，谷歌的一位发言人对High-Tech Bridge的结果不予理会，认为那不是什么新鲜事。同年晚些时候，为了回应针对谷歌的一起诉讼，谷歌公司表示，谷歌邮件的用户不应该认为他们的电子邮件是私密的。最终，暗含深意的理解是，谷歌邮件用户获得免费服务，因此谷歌公司应当享有设定服务条款的权利。允许谷歌读取用户电子邮件可能带来的后果是一个谷歌邮件用户几乎无望得到回答的问题。谷歌不会回答这样的问题。那么那些给某个谷歌邮箱发送电子邮件的其他邮箱软件的用户会怎么样？他们也应该认为谷歌读取他们的电子邮件通信是合理的吗？

消费者主宰着电子邮件账户市场。一个名为"Radicati"的研究小组曾估计，2014年全世界电子邮件账户的总数将达到将近40亿。其中，商业电子邮件账户占25%，而消费者账户达到75%。Radicati预测，由于在线购物的增长，消费者电子邮件账户的数量会有大幅的增长，因为进行任何形式的电子商务都要求提供一个邮件地址。通常，邮件服务商是通过向消费者电子邮件投放广告来赚钱的。公司会研究电子邮件内容，从而针对用户投放相关性最高的广告。这正是谷歌所做的。

每一次谷歌读取一封电子邮件，它都在收集个人信息——关于你的财务、健康、社会关系、偏好以及品位等任何用以向你销售产品的线索。谷歌一年收入几十亿美元，这说明研究电子邮件很有可能为广告商提供了一个非常有价值的机会。并且，这个机会还在不断扩大。最近几年，谷歌邮件用户的数量出现了突发性增长。如今，谷歌邮件领先于所有其他电子邮件提供商，包

第一部分
曾经：市场的演化

括微软、雅虎以及美国在线（AOL）。据一家报道互联网应用的公司 comScore 称，自 2009 年以来，全球年龄在 15 岁以上的谷歌邮件用户的数量增长了超过 4 倍，从 9160 万增长到如今的 4 亿左右。谷歌邮件在 2007 年首次对所有人提供服务，2012 年，谷歌宣称其拥有 4.25 亿谷歌邮件用户，但这一数字不再公开更新了。可以确定的是，谷歌确切知道它拥有多少谷歌邮件用户，但当被问及此事，它只是援引 2012 年的那个数字。人们只能猜测谷歌不愿提供最新数字的原因。也许，它想昭示天下的是，它不仅主宰着搜索市场，而且还有电子邮件市场。仅在美国，每个月就有差不多 120 亿次谷歌搜索。再加上谷歌邮件流量以及其他服务，谷歌看起来主宰了网上世界，没有任何其他公司能接近谷歌的用户数量。据 comScore 称，仅在 2014 年 8 月这一个月之中，美国就有 120 亿次谷歌搜索发生，相比于其他两个最受欢迎的搜索引擎，微软搜索有 35 亿次，雅虎有 18 亿次。谷歌所拥有的数据资源的量级是无可匹敌的，而且它每一天每一秒都在持续增长。

就这点而言，即使曾经因蒙蔽用户而惹上麻烦，谷歌也一直没有花多少心思去解释他们到底是如何操作用户电子邮件内容的。当一宗涉及谷歌和一些主流媒体公司的法律官司在 2014 年 2 月揭露了谷歌活动细节时，谷歌要求法官修改公开审讯记录副本中有关其电子邮件扫描过程的详细信息。最终，法官没有允许修改这一信息，案件结果都被披露了出来。案件显示，2010 年，谷歌发现其无法读取用户使用微软邮件客户端 Outlook 或 iPhone 打开的电子邮件，这类邮件每天有上百万封。于是，谷歌设计了一个解决方案，通过修改扫描电子邮件消息的节点，不再在传输过程中的存储区读取电子邮件，而是将扫描节点前移到电子邮件被投递之前。这意味着，谷歌在你之前读取你的电子邮件。这还意味着，即使你没有读取某个消息，并且在没有打开这条消息的情况下将其删除，谷歌仍会浏览其内容。在那个案子中，原告是这样解释的：

谷歌做出了一个选择。它们说，当人们在使用一部 iPhone 存取电子邮件的时候，我们没有办法得到他们的信息；当人们不去打开他们的电子邮件或者他们删除电子邮件时，我们没办法得到他们的信息；当人们在使用禁用广告的谷歌应用账户时，我们无法得到那些信息；当人们通过其他电子邮件供应商存取谷歌邮件时，我们无法取得那些信息。于是，它们决定把那个存在已久且在存储区背后运营良好的设备前移到投递流程。

在发表于《今日美国》（*USA Today*）的一篇观点评论文章中，谷歌案件中媒体公司的代理律师用一句话指出了谷歌企图隐藏有关其邮件读取信息的反讽所在："谷歌所陈述的目标是'使世界上的信息有条理'，但它们却拼命避免透露它们是怎样做和为什么要这样做。现在我们知道了。"

在这起案件中，我们也许多了解到了一点点，但是谷歌公司很少做出披露，除非不得已。为了回应这起案件，谷歌不得不向用户澄清其确实在读取电子邮件。这也是谷歌在 2014 年 4 月发布了如下三行内容的原因："我们的自动化系统分析你的内容（包括电子邮件），目的是为你提供个人相关的产品特性，例如定制的搜索结果、量身打造的广告、以及垃圾邮件和恶意软件监测。该分析发生在内容被发送、接收以及存储的时候。"首先要注意的是，谷歌称其读取电子邮件，是在一个自动化系统的帮助之下。之前，谷歌曾经强调说，没有人真的去读取你的电子邮件，这从某种层面上说安慰了消费者。但事实上那并不能让人放心得下，谷歌的自动化系统非常高效且全面，远非人类所能匹敌。自动电子邮件监视是一个极强大的方法。这个自动化系统让谷歌能够扫描每一封电子邮件，并且立刻就能分析并保存它。它能够每天读取并编录 4 亿谷歌用户的电子邮件，这是几千人一起尝试也无法完成的事情。

当然，谷歌公司坚称他们这样做是为了你好。通过读取你的电子邮件，谷歌公司可以为你提供与你个人相关的广告，并且可以定制你的谷歌搜索。但是，谷歌公司没有解释的是，通过读取电子邮件，谷歌到底是如何获得好处的。读取某个所指定个人的电子邮件，谷歌从中赚取了多少钱？那些"相关"搜索和广告最终让消费者为此付出了什么？这其中的交易代价是什么？

这些问题的答案不是那么容易就能得到的。任何与谷歌相关的信息都

第一部分
曾经：市场的演化

是私密的。谷歌声称，出于竞争的原因，它不能透露它的行为。请注意，谷歌公司从来没有承认过到底要用这些收集而来的信息做什么。也许在某一时段谷歌可以给用户带来一些好处，但这不代表谷歌公司将来不会对这些收集的数据做些什么。总之，谷歌公司不仅仅读取了谷歌邮箱用户的邮件，还包括其他邮箱软件发给谷歌邮箱用户的邮件，以及由谷歌邮箱用户发给其他邮箱软件的电子邮件。由于拥有全球4亿邮件用户，谷歌公司已经获得了非常多的信息。

关于谷歌，我们知道些什么

现在，我们知道了谷歌公司能读取我们的电子邮件。你想不想读取谷歌公司的电子邮件呢？想象一下，谷歌公司CEO兼联合创始人拉里·佩奇（Larry Page）的电子邮件会透露些什么。难道你不想知道他对谷歌用户真正的看法，以及公司为未来几年储备了什么？当然，那是不可能的，除非你想冒着被起诉且很可能被送进监狱的危险。谷歌公司每年花费数百万美元用以保护自己的隐私以及那些被小心看护的秘密。公司的律师们熟练地将保密和机密协议写入各种合同之中，用来禁止关于谷歌的信息被公开披露。毋庸置疑，谷歌公司将自己的私有信息看作私有财产，并且是商业世界中极具价值的东西。而且不是仅仅只有谷歌这么做。实际上，所有公司和组织都在花费时间和金钱来保护它们的隐私，无论是通过商业服务、保密协议或者其他方式。

那么，消费者花费了多少钱和精力来保护他们的隐私呢？很多人购买杀毒软件和防护软件，它们或许有助于保护你的电脑免于黑客和恶意软件的攻击，但对于保护你的隐私毫无用处。就连那些拥有可观金融资源的人也没有太多选择能像那些公司一样来保护个人隐私。对公司信息的保密，对消费者信息的随意存取，这二者之间的对立形成了一个巨大的知识鸿沟。事实上，企业几乎能够研究一切事情来了解我们，但我们只有非常有限的与企业相关的信息。我们对于那些公司的了解来自于他们自己精心策划的美好形象，我们并不知道真正的事实是怎样的。

问问你自己,对于谷歌,你了解些什么?当你停下来思考时,你会意识到你并不知道多少。当然,还是有些地方能让你找到更多信息,毕竟谷歌公司是一家上市公司,有很多信息来源。但当你深入查看的时候,你就会发现谷歌被迫披露的东西并没有多少有价值的信息。如同大多数上市公司一样,谷歌公司对其公开发布任何信息都是非常小心的。每件事都先由他们的律师们经手,甚至公司的高级主管在他们讲话之前,都必须让法律专家进行核查。

由于谷歌公司是一家上市公司,所以它必须遵守美国证券交易委员会(Securities and Exchange Commission,SEC)有关上市公司的法规。这意味着,它必须定期提交收益报表、年度报告以及公布任何影响其财政状况的重大变动。但是,如果你曾经看过年度报告,那你就会知道只要能蒙混得过去,公司就会尽可能少地提供关于其商业活动的信息。官方档案是一系列经过高水平制作的文件,是由公司内部和外部的财务和法律专家提供的。谷歌公司的年度报告会披露规定的销售和收入情况,同时也在投射出谷歌公司想要展示给外部世界的一种形象,那是一个花费了巨大财力和人力创造并保护起来的形象。

谷歌公司 2013 年的年度报告长达 94 页,非常笼统地提供了一份公司所作所为的基本描述。按谷歌公司的描述,它通过发布广告赚钱:91% 的收入来自广告商。年度报告提供了过去一个财年中,其业务、不同组成部分和亮点的基本概况。年度报告解释了对其业务至关重要的关键因素,例如研究和开发。2013 年,谷歌在研发上花费了 80 亿美元。年度报告还让读者感受了公司的规模:全球共有 4.8 万名全职员工,其中一半以上来自美国之外。年度报告还笼统地描述其业务受到的威胁,来自于新科技、激烈竞争、法律纠纷、新法规以及网络攻击将可能威胁到谷歌公司未来的收入。然后,是一份公司财务报表的拷贝,描述了主要的财务指标、分解后的成本和收入、资产和负债,以及自上一财年以来的任何重大变化的原因。谷歌公司的年度报告是公司的一个静态快照。你可以将这份年报理解为一张每年一次的节日贺卡,你发给自己的亲朋好友们,简要描述这一年里所发生的事,以及配上一张你能找到的最好的照片。

第一部分
曾经：市场的演化

另一个获得信息来源是其公司网站。同样，这是一个被高度粉饰过的公司介绍。当你查看谷歌的网站时，你会找到与其公司年度报告相似的信息。唯一的差别是，你能找到这一年当中公司发布各种声明的新闻。谷歌一年花费数百万美元，聘请了一大批极为出色的公共关系专家用以宣传其公开形象。因此，谷歌公司花费大量的时间和精力考虑它该发布什么信息给公众，以及如何发布。最终的结果是，谷歌公司小心翼翼地管理着你对它能有所了解的所有信息。

谷歌公司非常小心地看护着其隐私。其业务核心是谷歌著名的网页排名算法。在响应一个给定的搜索指令时，那个公式将决定为什么谷歌显示某些网站而不是其他网站，以及为什么谷歌给某些页面比其他页面更高的优先级。根据《斯坦福哲学百科全书》（Stanford Encyclopedia of Philosophy）中的《搜索引擎及伦理》一文，谷歌公司的算法包含 5 亿个变量和 20 亿个代数项，想要得知这个从未公开的算法绝对不是一件容易事。但无论怎样，它就是那个决定了为什么谷歌的搜索结果不同于其他搜索引擎的"秘密武器"，并且，依照保护公司秘密不受竞争对手侵权的知识产权法，公司也能够保有那个秘密。但将算法作为秘密，已经影响到了用户。正如《搜索引擎及伦理》一文中所指出的："对影响客观性的担忧以及搜索引擎内容中的偏见也与关于缺乏公开性和透明性的争论紧密相关……因为谷歌公司的网页排名算法是'一个受专利保护并且被严密看护的知识产权'……我们不知道该算法的公式。因为我们难以评论算法是否具备客观性。"由于谷歌公司保守着信息秘密，我们没有办法确切地知道谷歌搜索是在做对用户有利的事，还是在利用用户来使谷歌真正的客户（广告商）受益。抑或，实际上让谷歌自己受益。

那些从一开始就在研究谷歌的人相信，只要谷歌一感觉到某些事有可能赚大钱，它就会开始竭尽全力地保护其隐私。在《搜索：谷歌及其竞争对手如何重写商业规则并改变我们的文化》（The Search: How Google and its Rivals Rewrote the Rules of Business and Transformed Our Culture）一书中，作者约翰·巴特尔（John Battelle）描述了谷歌在早期是如何阻止其业务的信息泄露，并将其潜在的竞争对手蒙在鼓里，让他们不知道搜索市场到底有多么丰厚的盈利。巴特尔这样写道："截至2002年底，谷歌公司停止公开讨论其核心内部指标，并声称在它引以为豪的基础设施中拥有超过1000名雇员和1万多台计算机。""之前，谷歌还在夸大其网络索引的规模，声称在2002年12月超过了40亿，但是死守其盈利数字，也许是因为那些数字太好了。2002年，谷歌公司从大约4.4亿美元的总收入中赚取了将近1亿美元的利润。那是一笔不得了的现金，比尔·盖茨这样的人一无所知的时间越长，谷歌免于竞争的时间就越长。"巴特尔这样总结谷歌公司的双重标准："与谷歌的服务相比较，永远很难从谷歌公司获取信息，很明显，这是从它的创始人那里继承来的，尤其是来自佩奇。"

当谷歌公司不想让你了解太多关于谷歌的事时，想象一下谷歌公司对你有些什么了解。谷歌公司知道你最黑暗、最隐私的秘密和欲望。回想一下所有你问谷歌的事情，那些你从来不敢问其他人的问题。我得了癌症吗？我怎么才能与配偶有更欢愉的房事？我是否需要看心理治疗师？谷歌追踪你搜索的每一件事，并且能够提炼出一个相当详细的用户画像，有关你的梦想、渴望、内心抗争以及不良习惯。在你看医生之前，很有可能用谷歌查找你的症状可能是什么疾病。是癌症？是心脏疾病？如果你和配偶之间出了问题，在你见律师之前，你很有可能用谷歌查找关于离婚手续的信息。在你去见你的心理治疗师之前，你或许研究了抗抑郁的药。或许你想换份工作？谷歌比其他任何人都提前知道你去哪些地方找过工作。谷歌公司知道我们每一个人最为私密的详细信息，并且有方法将这些碎片信息拼接在一起，绘制出一幅异常清楚的用户画像。谷歌还在学习如何利用它所拥有的信息，这消费者来说是一个小小的安慰。但对于追求利润的公司来说，更多地利用详细私人信息不是一个如果的问题，而是一个时间的问题。

谷歌公司不仅仅知道我们的秘密，还知道我们在哪里，知道我们正在做什么，它拥有一份关于我们人生详细的事件表。谷歌能够准确找到我们，并且追踪我们的一举一动。感谢谷歌地图中的"导航"服务，谷歌甚至常常知道我们接下来要去哪里。谷歌知道我们的朋友和家人，知道我们在线上加入了哪些团体，知道我们正在阅读什么、观看什么和思考什么。谷歌甚至还在

第一部分
曾经：市场的演化

非谷歌网站的页面上，使用网络跟踪器追踪你的行动。如果你试图对谷歌公司做同样的事，你会被指控为非法入侵，并且很有可能锒铛入狱。尽管谷歌公司不能直接查看你的在线银行账户，但它可以将一些非常重要的信息片段组合在一起来弄明白你的财产信息。如果你使用谷歌的钱包服务，你实际上把自己的银行账户和谷歌连在了一起，让谷歌直接存取你的银行账户。当谷歌跟踪你的在线活动时，它们能搞清楚你付了哪些账单，做了哪些交易，你有多健康，以及你的金融账户里有些什么。

单单是搜索本身已经是一个强大的收集用户信息的方法，但谷歌还能够读取并存储你的电子邮件，甚至收集你在网上讨论的每一件事：你的下一个家庭旅行计划、即将到来的大学同学聚会、卖房子的计划等。而且，谷歌还有很多其他服务，所有这些服务都在收集、分析并存储用户数据。著名的谷歌地球、谷歌地图、YouTube 视频、博客、网络相册、Orkut、谷歌健康以及谷歌日历都只是其中的一部分。更不用说谷歌的其他那些能在线下收集我们信息的产品，比如谷歌眼镜———一副能记录佩戴者所看到的一切的眼镜，或者一部观察并记录你所做的每一件事的电话。谷歌提供的服务几乎涵盖了我们生活的每一个方面。当你注意到谷歌在美国拥有四分之三的搜索市场以及超过 80% 的移动搜索市场份额时，这意味着谷歌已经在追踪绝大多数美国人。在欧洲，谷歌以 90% 的占有率完全主导了搜索市场。毫无疑问，欧洲人对谷歌的市场控制力越来越担忧。谷歌拥有足够的存取能力，它们正在快速地构建数百万人的个人画像，并将这些用于其自身目的。或许一开始这些画像不会非常清晰，但是历经数日、数月乃至数年，这些画像会变得越来越清晰。

谷歌公司已经知道了很多关于你的信息，但并没有打算就此打住。它正在激进地扩张着，以覆盖你生活的方方面面。谷歌公司与能够监控你每一个日常行为的能力近在咫尺，不管是线上还是线下。2014 年 6 月，在旧金山一个软件开发人员大会上，谷歌公司宣布它计划要扩张到你的家里、汽车里甚至你的身体里。这次会议帮助谷歌软件开发人员明白了谷歌公司前进的方向，他们会为谷歌的新设备开发和提供最新的软件。谷歌公司将通过其移动操作系统安卓（Android）扩张到线下的所有领域。谷歌公司已经发布了安卓可穿戴设备，也就是智能手表，它能够提供例如交通状况、公交或者列车时刻表、包裹投递情况等信息。谷歌公司还在致力于开发一个家用的信息系统，稍早一段时间，谷歌公司已经开始研究能和智能手机配对的电视和汽车（安卓汽车）。会议透露出的关键信息是，很显然，谷歌公司正在大力开发可以追踪我们生活甚至工作中每一步的设备。谷歌公司还宣布要把新的邮件系统、存储系统以及其他服务更加深入地融入其商业计算内。

数据比你自己更了解你

知名计算机科学家、作家及未来学家雷·库兹韦尔（Ray Kurzweil），目前担任谷歌公司的工程总监。他在2014年接受《卫报》的一次访谈中解释了他在谷歌公司正在做的事，他对公司的远大目标提出了深刻的见解。库兹韦尔的工作重点是将自然语言理解引入谷歌。他这样解释道："我的项目是最终会把搜索真正建立在理解语言含意之上。当你写文章时，你不是在创造一个有趣文字的集合。你有事情要说，而谷歌则专注于智能地组织和处理这个世界的信息。你文章中传达的消息是信息，而计算机并没有获得该信息。因此，我们希望能让计算机真正去读。我们想让计算机去读网上的一切，每本书的每一页，然后有能力与用户进行智能对话并回答他们的问题。"

这里的关键是规模，谷歌拥有令人难以置信的巨大规模。通过存取数以亿计的页面信息，谷歌公司可以读取、理解并且联结线上的每一件事。这是一个很现实的问题，意味着谷歌会知道一切。如同《卫报》在其文章中解释的："在你向它提问之前，谷歌会知道你所提问题的答案……它会读取你曾经写过的每一封邮件、每一个文档，以及每一个你曾经输入搜索引擎搜索框的无聊想法。它将比你最亲密的朋友更了解你，甚至比你自己更了解你。"

在谷歌公司真正比你自己更了解你之前，或许还要花上几年时间。但是它已经不再是一个科幻小说世界里的问题。谷歌向全知的不断进展，只是时

第一部分
曾经：市场的演化

间的问题而已。事实上，谷歌公司已经知道了那些你最为私密的个人信息，而你完全不知道谷歌公司正在计划对所有那些知识做什么。更重要的是，谷歌从未给自己设置限制，谷歌公司从未对自己有所解释，抑或给其用户做出任何承诺。难道你不想知道谷歌公司计划如何处理它所知道的关于你的一切？不幸的是，你将永远找不到方法。谷歌公司为你私人信息所做的那些计划受到商业法律的保护，谷歌公司拥有你的数据，但没有被要求去解释它们将会怎么做。

谷歌并不是唯一的一家把用户每一比特信息都收集起来的公司。绝大多数公司这些年都在做着数据收集的生意。想象每一家在线上进行商业活动的公司：亚马逊、Facebook、领英，还有那些规模较小但数量众多的公司。甚至是像药店或者食品杂货店这样有实体店铺的公司，它们也热衷于追踪你的每一笔消费。在2012年《纽约时报》的一篇文章中，查尔斯·杜希格（Charles Duhigg）讲述了一个故事，关于塔吉特公司是如何知道一个16岁女孩怀孕了的事，通过将女孩在线购物历史拼凑完整，塔吉特公司甚至比她父亲知道的还要早。银行和信用卡公司也拥有关于你信息数量巨大的数据，同样还有健康保险公司和医院。虽然在银行和医院被明确要求不允许它们把数据移交给第三方，但是什么都不能阻止它们在与你进行经济交易时利用那些数据。它们所竞争的是如何更快地知道你的一切。各家公司还会尽量把这些做得隐秘，以防激起公众的愤慨和强烈的反对。在公众清醒之前，各家公司正在竞相开发它们独自控制和拥有的数据流。

公司有很多聪明的方法来收集你的数据。最常见的就是公司会说更多的数据有助于它们为你提供更好的产品和服务。但你极少听到它们解释这如何使公司受益，而且它们也极少解释自己到底在如何使用你的数据。在线公司大多数提供免费服务，这样你在注册、使用其服务的过程中就会给公司提供大量的个人信息。一旦你被其诱惑，或者其服务成为你线上生活的一个重要部分，它们就拥有了一个可信的数据流。如今，一些如谷歌这样的公司开始感受到不断增长的隐私担忧，也尝试提供一些名义上促进隐私的服务，不过这些服务只是针对其他公司。

来看一下谷歌公司 2014 年中为其邮件服务发布的加密工具。对于那些担心隐私的人，谷歌公司说这一改变有助于确保谷歌邮件不能被预期收件人以外的任何人读取。听起来好像是一个支持隐私的胜利，对吧？但是这其中是有名堂的。为了让加密起作用，发送和接收者都必须使用它。也就是说，不仅仅是谷歌邮箱用户，而是与他们互通邮件的所有人。因此，谷歌公司的新产品对于谷歌和其用户同等重要。获得更多的谷歌邮箱用户，是谷歌公司主宰电子邮件这一长征路上的另一个方法。谷歌公司依旧会读取你的邮件，加密工具不会改变这个境况。它只是使竞争对手更难做到谷歌正在做的事情。

公司就算自己不进行数据收集，也能很容易地买到。数据交易商收集消费者的线上和线下信息，并卖给那些潜在的雇主、保险公司或者想卖给我们东西的公司。2014 年，FTC 研究了九大数据交易商，分别是 Acxiom、CoreLogic、Datalogix、eBureau、ID Analytics、Intelius、PeekYou、Rapleaf、Recorded Future。这些公司从广泛的来源收集我们的信息，诸如投票注册、破产申请、实体店购物、网上购物、在线搜索以及质保注册等。联邦商务委员会（FTC）发现："也许每一个数据交易商的数据来源只能提供一个消费者行为的部分数据元素，但是数据代理商们可以把所有这些数据元素放在一起，形成一个更加详尽的有关消费者生活的合成结果。" 这 9 个数据交易商对于几乎每一个美国消费者都拥有 3000 个信息条目。这些交易商会把消费者按照其人种、种族特点、经济状况、健康状况、婚姻状况、家庭规模以及其他不同分类放入不同的目录。那些不同的目录再被用来生成具有类似属性的消费者列表，而这些列表就可以被出售给公司。

所以，无论公司是拥有自己的数据收集系统，还是简单地从其他公司购买数据，它们都可以轻易地获取消费者无法获得的数量庞大的信息。

试图操控我们的行为

我们很少能发现企业在用我们做实验，我们更加难以得知在它们分析结

第一部分
曾经：市场的演化

果之后又发现了什么。当涉及使用个人数据的时候，但凡你能够想象得到的，都已经有人在尝试那样做了。它们不会等着得到你或者其他人的准许。通常，公司内部的研究小组不会向任何人负责，甚至也不用对公司的主管负责，它们只按照自己的工作日程运行。研究人员对用户的隐私权和担忧置若罔闻是一个十分常见的场景。克瑞斯提安·瑞德（Christian Rudder）是广受欢迎的婚恋网站"OkCupid"的联合创始人，2014年7月，他在自己的博文中揭开了某些真相："你们知道吗，如果你使用互联网，无论哪一个网站，你就已经是成百上千实验中的实验对象了。网站就是这样工作的。"

OkCupid 进行了若干次实验，用以检测给用户提供不同的信息是否会影响他们的行为。在一个实验中，公司隐藏了个人介绍的照片；而在另一个实验中，却隐藏了个人介绍文字；在一个实验中，公司则有意对用户撒谎，他们对那些找到合适对象的用户说他们实际上不合适，而对那些不合适的对象说他们是合适的。在最后那个实验中，那些被引导认为自己找到了合适对象的用户人数比那些认为自己没有找到合适对象的用户多两倍。这些测试是在用户不知情的情况下完成的，公司声称这是在测试新产品并试图提升服务就轻松掩盖了实验的痕迹。

瑞德先生会因为拿用户做实验了解他们的行为而感到懊悔吗？当然不会。毕竟，这是为了更大的好处：让 OkCupid 运行得更好，这样公司就会更值钱。这一切绝非偶然，通用汽车的领导曾经说过："对美国有好处的就是对通用好，反之亦然。"如今，那个观点已经广为流传。对 OkCupid 好就是对每一个用户都好吗？即使少数人发现了他们的"配对"不是合适的对象，那又算得上什么呢。

Facebook 也曾经被抓到拿用户做实验。那个实验实际上是在它被发现的两年之前进行的，而且是在研究人员发布了他们的发现之后，才公开承认了这项实验。研究人员选择了70万使用英语的 Facebook 用户，在他们完全不知情的情况下进行了一系列实验，研究他们的情绪是否可以被操纵。结果显示，如果你操纵推送给用户的消息，他们的情绪就会发生相应的改变。

Facebook承认他们有一个被称为"数据科学"（Data Science）的专门小组在从事用户实验。他们道了歉，并且调整了其服务协议的条款，加入了一个研究部分以涵盖未来对其用户进行的研究项目。

尽管OkCupid和Facebook进行的实验相对粗糙，但它们揭示了一些重要的事情。我们也因之对公司的雄心壮志有了大致了解：操纵行为。想象一下，如果能操纵你的行为，公司将会变得多么强势。如果能在很大的范围实施行为操纵，那又会产生多么大的影响。Facebook的实验也表明，想要操纵情绪，你必须有能力检测情绪。一旦Facebook能检测你的诸多情绪，它就能比以往更好地理解和看懂你。情绪的心理特征是一个错综复杂的话题，但是很明显，人们并不是总能意识到自己的情绪，而且经常不知道他们的情绪如何影响行为。Facebook正在开始比用户更了解他们自己。

不断加深的知识鸿沟

知识的鸿沟，不仅仅是公司对我们的了解远胜于我们对公司的了解而造成的巨大的信息不对称。它还意味着，现在公司对消费者了解的深度是空前的。那些被了解的详细程度是令人恐惧的。你在网上做的任何事，无论是用谷歌搜索还是用其他搜索工具，简单的一个互联网查询就会立刻泄露你的位置。它给出一个实时的有关你的思想状态、感觉、忧虑、需要和需求的线索。你会发现，你的搜索模式能更加精确地显示出你的完整个性，包括你此刻正在想什么，以及过去每一时刻你在想着什么，这是一个完整到令人吃惊的记录。你所读过的每一个字，报纸、书籍、杂志、博文或者邮件都被记录下来。所谓的"云端"（cloud），是通过互联网链接的营利性计算机的巨大集群，它能确定你知道什么和完全不知道什么。你所听过或者看过的，也都记录在那里。你和谁有通信联系，所有你说过的以及没有说过的，也被存储和研究。你喜欢什么和不喜欢什么，你最隐秘的欲望、耻辱以及恐惧，都能被检测、测量和分析，还会被使用。你的财务状况、税收情况、医疗状况、情绪和心理问题、社会关系、嗜好以及不诚实的行为，都被赤裸

第一部分
曾经：市场的演化

裸地放在了云端。所有这些数据都被输入到最新的预测软件中，预测你在某种特定情况下将会做什么。

　　远离互联网也好不到哪儿去。有了移动电话，你的位置毫无秘密可言。谷歌还开发了一款可以时时刻刻监视你的电话的软件，表面上为你服务但同时在收集大量数据。你曾经在哪里，待了多长时间，甚至你接下来要去哪里的准确预测，所有这些数据都被放在云端。你的购买记录同样会被记录在云端，就算你用现金付账，其他关于你的数据也足以相当准确地预测你刚刚购买了什么。而且，这并没有止步于移动电话。即使你将电话放在家里，无处不在的、配备有不断增强的生物识别工具的摄像头和传感器到处监视着你。商店能够检测你在每一个陈列品前站了多久，并且知道你离开时有没有买东西。你的声音、击键、点击、面部表情以及姿势的各种暗示都变得很有价值，就连DNA也是这样。如果是一个医生拿到你的基因样本，也许这不会让你的基因组处于商业获取范围之内，但如果少量的唾液样本或者一次接触的残留在商场、饭馆或者浴室被捕获，事情就不是这样了。更不用说那些不断提升的能力，通过海量分析程序自动分离和理解在拥挤嘈杂的棒球场或者饭馆中每一个人所说的话，或者是那些近乎魔法的能力，如能看穿衣服、隔墙听音、闻到微乎其微的气味、解码DNA。

　　几乎关于我们的一切都被了解和收集。我们有时会有一种逃离科技和他人的监视的冲动，但讽刺的是，即使是每一次逃离的尝试，也都会被看到、知道和记录。当已知的数据库变得充分完备的时候，剩下的东西就可以被推断出来。好比一个少了一片的拼图游戏，数据中那个"洞"的轮廓能够显示出缺少的是什么。数据就像在投射一种知识的亮光，那些阴影即使没被数据触摸到也还是会显形。

　　与此同时，存储数据的能力也一直在增长，其增长速度与产生数据的速度几乎一样快。实事求是地说，机器在观察着每一个人所做的每一件事，只要看起来有用，就会一直记录下来。在犹他州距离盐湖城半小时车程的布拉夫戴尔，一个和购物中心差不多大小的神秘综合大楼在2010年开始建设。现在它差不多建成了，这是美国国家安全局的犹他州数据中心，这些场地提供给数千名技术人员和分析人员来操作最先进的超级计算机。没有人知道它将拥有多少数据，但是估计应该能达到十亿千兆字节，这是记录以往以任何语言所写的书籍所需容量的数千倍。如果再考虑摩尔定律（Moore's Law），这一存储量很可能每隔几年就会翻一倍。

建立这个中心并不便宜，合理的猜测也会有20亿美元左右的耗资。但是，对于建造一台记录和分析人类所做的任何事情的机器而言，20亿美元并不是很多。与谷歌每年所获得的12亿美元左右的利润相比，这些钱对于美国最大的公司来说是绝对负担得起的。

因此，谷歌和其他互联网巨头们正在大规模地建造自己的数据信息库，这就应该没什么好惊讶的了。大量数据不停地产生出来，而且产生数据的速率也在加快。所有数据都被存储，且能够永久地存在并且能立即极其详实地被调出。尽管数据存储库中的每一个元素都不重要——一次击键、一次鼠标点击、一个被说出的单词，但作为一个整体，这些存档数据展现了人类历史上前所未有的想法和行为的记录。

如果不能从数据中提取其所包含的意义，那些数据就是无关紧要的。这就是分析法大展身手的地方了。各家公司如今能用它们对你所知道的一切来预测你的行为。例如，在谷歌公司，数据告诉它的工程师发生了什么，随着数据的增长，它们开始理解发生的原因。并且，一旦它们理解了原因，它们就可以开始猜测接下来会发生什么。一点一点地，各家公司逐渐掌握之前被认为超人才有的能力：预知未来。

知识鸿沟自从工业化之初就一直存在。大型销售公司的增长，导致了卖方比买方手中有更多的知识积累。但是，互联网曾被认为会改变所有这些。一些人认为，信息革命会给消费者带来更多的知识，并且使消费者与企业有公平竞争的条件。但是，事情并没有向那个方向发展。消费者处在一个极为不利的地位。他们没有资源与那些公司抗衡，他们也没有那么大规模或者深

第一部分
曾经：市场的演化

度的信息。于是乎，相对于我们曾期望对公司或其产品的了解，各家公司对我们的了解是多之又多；而且，这个差距每天都在不断扩大。

例如保险行业，你可以看到保险公司还利用所能获取的我们的个人数据，使用行为预测建模。2014年8月，在麦肯锡公司网站上的一篇文章中，管理顾问解释了数据分析法正在怎样改变个人汽车保险业务："不再仅仅依赖像损失记录这样的内部数据源，那是以前的规范，当它们了解到经验证据表明准时偿还账单的人也是安全驾驶者的时候，汽车保险商们便开始把来自征信局（Credit Bureaus）基于行为的信用评分结合到其分析当中。对于有消费群体的行业来说，尽管在私人汽车保险承保中使用信用评分一直以来是一个颇是争议的问题，但增加有关行为以及第三方的信息源，是对保险商过去分析的索赔历史、人口统计学以及体检数据一个显著的跃升。"

令麦肯锡公司兴奋的是，保险公司能够通过更多地了解每个客户而赚更多的钱。"通过更好的途径从不同的数据源获取第三方数据，保险商就能够提出新的问题并更好地理解许多不同类型的风险。例如，哪类人口统计因素以及治疗方案的组合会对帕金森病（Parkinson's disease）患者的预期寿命有最大影响？哪类在健康和安全管理方面的企业行为组合可被预测出工人的补偿索赔更低？在一个给定的地理半径内，一个人会因为车祸丧生或者在洪水中失去他或她的房子的概率是多少？"麦肯锡所阐述的是，拥有更好的数据，保险商将能更精准地收取或者将产品定价到消费者愿意支付的最高价钱。知识鸿沟上演的方式是这样的：在任意给定的经济交易中，有更多知识的一方能赚取更多的钱，而拥有较少知识的一方则是弱势群体。

越来越多的信息源正在被私下持有，使知识鸿沟变得更大，而公开信息收集却被削减。现如今，每家公司都能购买软件来收集有关他们客户的信息。而且，这些公司可以使用类似Kaggle①这样的服务，让分析专家从那些信息

---

① Kaggle是一个数据建模和数据分析竞赛平台。企业和研究者可在其上发布数据，统计学者和数据挖掘专家可在其上进行竞赛以产生最好的模型。这来自维基百科的说明。——译者注

中找出其中的意义。因此，收集数据并分析其中的意义正变得更便宜，更多的公司有能力这样做。但是，那些信息仍然是公司的私有财产。有时候，一些能够获取有销路的数据流的公司会出售那些数据。想想那些消费者调查，或者有关一些特定行业的研究数据。随着私有信息源的激增，公众可获得的数据源正在缩减或者变得陈旧。特别是在美国，收集来的数据并不会优先提供给公众使用。例如，想一下我们的经济数据。数据革命已无处不在，但你不会在我们的经济统计中看到它。政府支出的削减意味着政府机构能够花费越来越少的钱来做同样的事情。经济方面的实时信息源如今被掌握在私人部门手中。想一想信用卡公司对客户的花销有多了解。它们的信息如激光聚焦般实时精准，比任何政府有关消费者开支的数据都要有用得多。

私人手中握有更多信息的趋势，也正以其他方式表现出来。在《纽约时报》网站上，最近有一个关于大数据研究的故事，为正在发生的巨大变化提供了一扇观察小窗。作为研究者之一，哈佛大学量化社会科学研究所（Institute for Quantitative Social Science）主任加里·金（Gary King）提出："以前学术界拥有比公司多得多的数据，但如今完全反转了。"学术界通常以工作论文或期刊文章的形式，向公众发布他们的发现以及数据。公司则一贯不会这么做。这意味着，越来越多的数据与公众之间正被高墙隔离开来。

数据革命正在给我们一个拥有很多知识的幻觉。而且，毫无疑问，如今消费者指尖拥有比从前任何时候都多得多的信息。但是，想一想我们拥有哪些类型的信息。我们能点击任何网站，找到任何关于烹饪、旅行、服饰、娱乐等凡是你能想到的信息。但是，试着找一下关于经济问题的信息。例如，你怎么知道你得到的报酬是否公平？或者，那些你刚买的红酒杯是否是以一个合理的价格卖给你的？只有你的老板或者卖红酒杯的人确切知道答案。你能到哪里尝试且找到那些答案呢？

互联网上无止境的信息不会在金钱事务上帮助我们。那是因为绝大多数此类信息被用高墙与我们隔绝。想想手机。你如何得到关于你手机月计划有用的对比？或者是药物？现如今，又有谁在收集和传播信息来帮助消费者？

第一部分
曾经：市场的演化

除了一些旅游网站，这无疑不是政府做了很多工作的事情；这也无疑不是私人部门做的事情。但即使是旅游网站，它们为你提供比较信息。它们也不会给你看其他人为同样的旅行付了多少钱。讽刺的是，当你搜索更多信息的时候，那个搜索则被获知、记录并被如谷歌这样的其他人或公司使用，以更好地了解你。

数字时代已经使知识的天平倾向于对公司的世界有利。一个重要的市场转变正在进行之中。经济交易的权力正在企业的手中积累，而那种权力正在商业上侵害消费者。每笔交易讨价还价的代价已经降到了近乎为零，因为卖家能很容易地找到关于单个消费者的所有信息，并且提出为消费者量身定制的，它们认为消费者会支付的价格或折扣。因此，卖家不用猜测就能够精准知道每个消费者愿意支付的最高价格，并且据此收费，从而完全获取消费者剩余。这意味着，由于拥有显著的知识优势，本来在买家和卖家之间分享的好处肯定会流向卖家。

卖家正在快速接近神一般的全知——以前他们从未有这样的能力来知道关于你的一切。而这种趋势正在不断发展，他们很快会比你自己更加了解你。由于公司知道你愿意支付多少钱以及你的财力大小，他们会拥有独特的能力来使你付钱，在某些情况下，甚至是你的所有。

第二部分

当下：公司利用数据做了什么

ALL YOU CAN PAY

第 4 章
专属于你的特殊价格

价格歧视是一种获取消费者剩余非常有用的工具，它会利用各种各样的形式让不同的人付出不同的价格。如今每一家企业都在试图利用消费者数据来进行价格歧视，以达到动态定价的目的。

约翰·门罗（John Monro）自打记事以来就很渴望上大学。他父亲毕业于哈佛大学，曾是一名药剂师；他母亲是一个磨坊主的女儿。但他的家庭不够殷实，门罗需要财务资助才能进入他梦寐以求的学校。那是 20 世纪 20 年代末，门罗还只是一个生长在马萨诸塞州北安多弗的青少年。他勤奋学习，在学业上很出色，他先是获得了安多弗菲利普斯高中（Phillips Academy）的奖学金，然后又在 20 世纪 30 年代获得了去哈佛大学上学的奖学金。在那个年代，学校的奖学金发放主要是基于候选人是否需要或者是否足够优秀。很大一部分奖学金是社团推动的，如果你是一名牧师的儿子、一位大学教师的孩子，或者你父亲是这个社团的直属成员，那么你就会有很大机会获得一份奖学金，可以到当地的高校去上学。一直以来，都没有一个针对财务补助的系统方法，每所高校都用自己的方法来发放奖学金。

现在全美各地的高校都在使用相同的方法计算所谓的财务资助。这个方法其实是约翰·门罗在 65 年前想出来的。

当时门罗并没有着手进行财务资助业务。在哈佛大学的时候，他广泛阅读了关于马克思和共产主义的书籍，并且受到了当时很流行的社会公正和公平想法的启发。他被新闻报道所吸引，并且倾力创立了一家与《哈佛深红报》（*Harvard Crimson*）①竞争的报纸，因为他认为《哈佛深红报》过于保守。在1935年毕业之后，他为哈佛大学工作并撰写新闻稿件，同时也作为一名记者为《波士顿书摘》（*Boston Transcript*）工作。在第二次世界大战中，他在太平洋海军服役，并因为杰出表现而获得了铜星勋章（Bronze Star）。当门罗退役时，哈佛大学的一名行政官员说服他再度回到哈佛大学，作为一名导师指导那些借助《士兵福利法案》（*G.I. Bill of Rights*）②得以进入大学的老兵。自那以后，门罗开始作为主管接手哈佛大学的财务资助事宜。

身为哈佛大学财务资助主管，他的职责是设计有史以来第一个发放财务资助的规章制度。为了确定一名学生应该支付多少学费，门罗及其委员会会算出其家庭税后收入的15%，然后为每一个额外的在校上学的孩子减去一定数额，公立学校上学的孩子减100美元，私立学校上学的孩子减200美元。门罗的方法依赖于一些关键假设：首先，送孩子上大学是父母的责任；其次，学费应当基于父母的支付能力。门罗本人相信他的方法是有效且公平合理的，但他也认识到这个方法的局限性：它没有考虑到一个家庭的固定财产、存款或者申请者自身的收入。

在接下来的几年，门罗开始改进他的系统，并要求父母提供更多的财务信息。1953年，学院委员会（College Board）就这一议题召集了一些当时最聪明的人发表针对奖学金授予政策的论文。这对门罗来说是一次机会，向全国其他地方推出他的财务资助发放方法。他在会议上阐述了他的方法，当时他将其描述为"一个可靠、谨慎的、用以衡量和比较申请人需要的系统"。门罗的文章脱颖而出。

---

① 《哈佛深红报》是哈佛大学校报。——译者注
② 《士兵福利法案》是由美国国会制定的法案，其目的是协助第二次世界大战期间的退役士兵接受教育或职业训练以及购买房屋等。——译者注

第二部分
当下：公司利用数据做了什么

据门罗解释，在发放财务资助前，有两个关键因素需要弄清楚：上大学的真正费用和申请人的资源。他是这样计算的，上哈佛大学的费用不仅仅是学费（当时大约为 800 美元），还有其他杂费、食宿费、书本费、个人开销以及有限的旅行费等。因此，真正的费用应当要 1200 美元到 1400 美元的样子。

然后，门罗开始计算申请人的资源。这是当时其他高校没有做过的事，他利用一个复杂的计算公式来确定申请人的资源，这个公式需要对其家庭经济状况有详细的了解。在他的文章中，他概述了对详细信息的需要，这些信息包含了父母的就业情况、所有收入来源、财产、存款和债务、逐项列支的商业开支、联邦个人所得税、非常规开支以及所有的受抚养者信息等等。一旦收集到那些信息，他就能设定财产计算公式。门罗相信，设定这个财产计算公式对于家庭资产认定是至关重要的，比任何其他因素都重要。

会议的结果是大学委员会提出了几项新提案。委员会宣布成立一个为申请人而设立的信息服务中心，它让申请人填写一张表格来说明父母可以分享给高校的详细财务信息。到了 1957 年，一个基于门罗财产计算公式的全国性财务资助系统确立。1958 年，《美国国防教育法案》（*National Defense Education Act*）获得通过，正式确定了这一程序。

直到今天，这个多年以前设计的系统的基本机制都还在。学生和他们的父母需要填写一个标准财务资助表格，提交给高校。这些表格要求父母们填写关于他们经济来源的详细问题：他们税前和税后收入是多少、财产的价值、所获得的任何政府救济金、家庭规模以及就读大学的孩子数目。然后，学校会计算申请人的预期家庭收益。一旦他们获得了一个数字，他们就会从学校的全额学费金额中减掉那个数字，从而确定申请人将被授予的财务资助的数额。

毫无疑问，这个系统的出发点是好的。但在大学入学审查的压力之下，家庭通常没有仔细想想到底发生了什么。在申请人撰写短文描述他们出色成就的同时，父母在给财务资助办公室提供有关家庭经济状况每一个值得关注的细节。那些家庭心甘情愿地交给学校众多私人财务信息，因为他们别无选择，那是一个学生能够被授予财务资助的唯一方法。

因此，就高校的学费来说，这里有两个价格。有一个广而告之的标价和一个你真正要支付的价格。那个真正的价格是根据你自身的经济状况算出来的。在申请高校的流程中，大多数家庭都完全不知道他们最终的开支会是多少。当然，大致的数字是有的，因为所有高校都会在他们的网站上列出学费和食宿费用的公开价格，也有一些大概的平均价格。比如公立学院的费用是2.5万美元，私立的是3.5万美元。但如果你的孩子对某个特定学校感兴趣，并且你想知道你是否负担得起，那恐怕你很难弄明白你到底要花多少钱。

例如在普林斯顿大学，你可以很容易就找到58 965美元这样的公开价格。它包括2014到2015学年的学费、食宿费和杂费。普林斯顿大学也和其他高校一样都提供了在线计算器，用以估算你的财务资助金额，但说实话，即使你投入再多的时间和精力，你也没有办法确定你最终要支付的价格。

学校会根据你被要求透露的家庭状况和财产细节来决定你所付的费用。有了这些信息，再加上自身的预算，学校最终会收取一个既能留下学生而学生家庭也能承担得起的最高价格。学校称为财务资助只不过是给一个折扣优惠而已，联邦财务资助申请会把你的完整经济情况透露给学校，这样他们才能计算你的家庭预期收益，你的家庭预期收益最终又将成为入学办公室猜测每个申请人所能支付的最高价格的依据。因此，如果你问校方上这所学校要花多少钱，你永远不会得到一个直接的答案。在他们回复之前，学校会先问你能负担得起多少。更令人惊讶的是，要一直等到孩子接受入学邀请之后，父母们才知道最终的价格。孩子已经被录取了，家庭才开始考虑是否要接受这个价格。到了那个时候，想要说"不"其实非常难了。

其他行业的运作方式与高校的很像。比如医疗保健行业，患者通常要到完成治疗出院的时候，才知道费用是多少。当你的膝盖被置换之后，再说你想要更便宜的东西恐怕为时已晚。再比如银行，只有在你递交了你的财务信息、收入、财产以及信用历史之后，银行才能确认你的抵押值多少贷款。到

第二部分
当下：公司利用数据做了什么

那时，借款人不会希望跟另一家银行从头再来一次。

高校一直都是聪明的营销者：它们出售独有的品牌产品，并使很多人相信这一产品是必不可少的。在经济学中，高校利用消费者的信息来计算它们能收取的最高价格，这种行为被称之为"价格歧视"（price discrimination）①，即消费者得到的是相同的产品，却要支付不同的价格，而这个价格是由卖家决定的。高校本质上是针对每个人定制价格，而不是对所有人收取同样的费用。

在申请者的承担范围内尽可能多地收取费用，这一理念并不只应用于收入范围在中低端的家庭。对那些能够轻松负担学费的人，给学校"捐赠"远超过学费这一基本费用的压力也并不小。大手笔捐钱的人的孩子更有可能就读于普林斯顿大学绝非仅仅是巧合。毕竟，普林斯顿大学筹集到数量巨大的捐款并不是个偶然。因此，对于收入较高的家庭，上大学的费用实际上会超过公开价格。

我们并不是指责高校做错了什么。它们只是为自己的利益这么做。毕竟，这个价格歧视系统是以一种帮助贫穷学生的良好意愿的方式开始的。绝大多数高校努力使高校发挥尽可能大的价值，同时仍保持让经济能力有限的家庭能够负担得起。这一点在如普林斯顿这样的大学校园里很明显，在那里，很大一部分学生被给予某种类型的财务资助。但毋庸置疑的是，高等教育的学费一直比绝大多数其他东西涨得快，而且，高校一直非常有效地从中产阶级家庭那里榨取金钱。

真正有意思的是高校利用价格歧视技术来确定它们的收费方式。这是一个从他人手中剥夺财富强有力的方法。而且，就高校而言，它不仅仅剥夺家庭的现有财产，还可以通过学生债务的形式，囊括未来的收入。如今在美国，尚未偿还的学生贷款总额超过 10 亿美元，在计算当前上大学的价格时，学校

---

① 这是指因人而异的售价。——译者注

把学生将来能挣到的钱也计算在内了。

假使高校不一边涨价，一边提供个人折扣，而是对所有人收取同样的费用，会怎么样？在那种情况下，它们会不得不把价格设定为最低的，以便能够填满所有的座位。这时，高校的公开价格就会有些实际的意义，因为它会体现其服务在公平市场上的价值。但高校需要忍受较低的学费收入。

想一想，当高校精确知道它们的每一个客户能够负担得起的费用，它们会有怎样的一项优势。如果它们的唯一目标是从每一个学生身上攫取尽可能多的利润，那会怎样？所幸大多数高校的目标不是尽可能获取更多的利润。大多数学校近似五五开，或者有少量的亏损，这些损失能通过校友资助填补上。但是，如果其他商业公司利用这个大学已经验证过的技术呢？毫无疑问，卖家会收取消费者能负担得起的最高支付金额。

毕竟，价格歧视是用来获取消费者剩余的一个非常有用的工具。它已经存在了很长一段时间，并且已经成为一种全世界各家公司都在使用的常见技术。一直发展到最近，这个准确估计每一个买家对特定产品能负担的价格的技术可能成为大多数卖家都会运用的技术。

折扣游戏

没有人会把他们的财务详情交给沃尔玛。零售商、服务供应商以及任何一个正在出售产品的人都乐意有一份关于购买者资源的详细资料。以航空公司为例。从前，你可以轻松查到从纽约到洛杉矶的机票价格。但很久以前那就已经改变了。现在，价格分分钟都在变动，航空公司使用各式各样的技术，精确测量你想坐飞机的欲望有多强烈，以及你对价格有多在乎。更低的机票价格所需的"周六过夜航班"（Saturday night stay）是一个粗野但相当有效的区分商务和休闲旅行者的方法[①]。其结果是，在完全相同的一架航班上，旅

---

① 促销票常有此限制，用以区别商务票和旅游票，前者通常不会在异地过周末，因此就无法享受有此限制的促销价。——译者注

第二部分
当下：公司利用数据做了什么

客支付的价格却不同，这仅仅基于他们在哪里度过周末。让我们再来看看直飞航班。尽管一个直飞航班的实际成本通常低于两个连程航班的价格，但喜欢直飞的旅客应该会发现，为获得便利的直飞，你实际上支付了额外的费用。现如今，类似于这样为同一个目的地、同样的座位支付差异极大的票价的事情十分常见。

价格歧视在我们经济中的消费品市场、电信、旅游、运输、金融以及银行等到处可见。例如，药品和医疗器械公司长期以来在全球以不同的价格销售相同的药品或产品，通常在美国收取较高的价格而在欧洲和其他地方收取较低的价格。国际健康计划联合会（International Federation of Health Plans）2014 年发布的一份报告显示，常用药物在美国一贯比在欧洲贵。杂货店和药品商店也一贯在价格上区别对待。对于零售商来说司空见惯的是，相对收入较低的社区，收入较高的社区有着完全不同价格的价目表。实际上，几乎每一个行业如今都参与了某种形式的价格歧视。它以多种形式和不同程度在任何地方发生，以至于我们常常忽略价格歧视这个问题。

不同于大多数公众，企业时时刻刻都在考虑价格歧视。最强有力的一类价格歧视就是高校所做的。利用个人信息，他们按每一个消费者愿意支付的最高价格收费。之前，高校拥有独特的地位，因为他们享有获取其他企业梦寐以求的财务和资产信息的特权。除了银行，大多数企业不得不勉强接受有依据的猜测而非确定的结果。在大学引领最强有力的一类价格歧视之时，其他像航空业这样的行业正在不断改进数据收集和分析技术迎头赶上。尽管航空公司不去审查我们的退税和银行结账单，但他们持续寻找其他线索来了解如何对产品定价，并为每一个客户设定不同的价格。

另一个零售行业采用的常见的价格歧视形式，就是根据消费的数量收取不同的价格。在一家当地的酒类的商店，一瓶普通的佐餐酒通常要价 7 美元；如果你买两瓶，只要付 12 美元，即 6 美元一瓶；而三瓶的价格是 15 美元，每瓶价格降至 5 美元。这并不是商家的成本问题。所有这些酒对商家来说成本都是一样的，但不同的数量对于不同的细分市场具有吸引力，并且价格有相应的变化。基于消费数量的价格歧视发生在经济领域任何地方，但它在大宗折扣店、杂货店和药店尤其明显。

还有一种价格歧视是在产品中提供细微变化。让我们回到通用汽车公司和汽车的例子。当用户购买一辆车时，汽车配置上的细小变化会导致价格上的巨大差异。你想要汽车天窗？可以，但是你得花钱。真皮座椅，或者是升级到高级的娱乐视听系统？所有小小的额外配置都会累加成汽车价格上的巨大差异。

有时候，价格歧视是根据年龄公开做的。老年人、孩子和学生折扣常见于电影和其他休闲娱乐产品，因为卖家不会因多容纳一个客户而花费太多的成本。

临时性的降价出售和折扣也根深蒂固地存在于我们的零售文化之中。想一想感恩节之后的"黑色星期五"大甩卖。商场知道，疯狂降价会吸引对价格敏感的购物者，他们会不畏拥挤地来商场购物，而另一些购物者则会在更平静的时候以全价购买。多数时候，零售商保持高价以从乐意多付钱的顾客身上攫取利润，然后在非常短的时段提供降价销售来抓住那些对折扣有反应的购物者。

优惠券是价格歧视的另一个工具。在这种情况下，一位用优惠券的顾客要比直接从街上走进来的顾客支付更低的价格。其中的秘密在于，关注优惠券系统需要花费时间和精力。繁忙、富裕的人非常重视他们的时间而无暇去收集优惠券，而最终支付一个较高的价格。对零售商更有利的一种现象是，一些暗地里受使用优惠券诱惑的人却不情愿用优惠券。虽然折扣对他们来说很重要，但他们想要被看作繁忙且富裕的人。

然后，还有会员忠诚度计划。会员忠诚度计划在最近几年有了极大的增长，为调整价格提供了另一个方法。当零售商想要进行针对性打折的时候，除了收集客户数据，会员忠诚度计划也是一种可操作的方式。经常性的宣传

第二部分
当下：公司利用数据做了什么

单计划、旅店和汽车租赁忠诚度计划曾一马当先，如今杂货店和药店也已加入了这个游戏。甚至咖啡店和书店如今都有它们自己的会员忠诚度计划。

企业精明地把价格歧视包装成一种打折。降价销售、特价、折扣以及奖励，所有这些都使其看起来是顾客得到了很多好处。有谁不喜欢折扣呢？但事实上，如果一位顾客为同样的东西比另一位付得多，那么这个人的交易就会变得没有那么好了。有能力给予折扣，也就是有能力在任何允许的情况下对消费者收取更高的价格。在一个充满折扣的世界，搞清楚市场价格到底是多少已经变得非常困难。企业从来不会坦率地说他们对其他人收取不同的价格，但是很明显他们是这样做的。卖家暗示消费者得到特价，有时候甚至是一个专为你设定的价格。消费者如此习惯于折扣以及寻找优惠，他们已经停止去思考这些到底意味着什么。

当你走进 CVS[①]，用你的 CVS 会员卡购物，你会发现不是所有的商品都有折扣。一些你需要的商品可能有折扣，但是其他商品的价格比你希望的要高。一个管理折扣的系统，其实是一个管理附加费的系统。毕竟，如果卖家知道你想要某个产品，特别是当你迫切想要，不能等到该产品降价的时候，他们为什么要给你优惠。当牙膏快用完时，你会去 CVS 看看你用的那个牌子的牙膏是否在降价。但是当牙膏被彻底用完了的时候，即使没有降价，你也不得不买。

消费者熟视无睹地接受价格歧视，是因为他们无法抵抗诱惑。能够获得一个低价的确诱人，而得到比别人更低的价格是一个更大的诱惑。但是，消费者真的知道多少呢？就算你不怕麻烦，但要想比较你和你最好朋友的开销也不是一件容易事。有太多变量——品牌、产品、尺寸、品种，消费者只能猜测所谓的"市场"价格在什么价位。而另一方面，卖家掌握一切。不像消费者，卖家实际上知道人们在为什么付钱，并且他们相应地管理着定价。

[①] 一家知名美国连锁药妆店，是 CVS Caremark 的子公司，该公司原名为 "Consumer Value Stores"。——译者注

例如，仔细看看忠诚度计划。在美国，它们被称为折扣卡、俱乐部卡或者优惠卡。忠诚度计划数据可以为卖家传达一个信息，你已经喜欢上了一个特定产品并且你没有在其他地方购买的信息。在那种情况下，卖家就不会感到压力，继而不会给你提供最大的优惠。想一想它是怎么运作的。当你注册的时候，你给零售商提供大量个人信息用以建立你的个人档案。从那时起，零售商一直追踪你买了什么，什么时候买的，以及买了多少。那些有关你行为的深入了解是很宝贵的。当企业弄明白你到底有多忠诚的时候，它们就能收取它们想要的任何价格，因为它们知道你不想去别的地方了。

想一下在汽车租赁忠诚度计划中发生的事。租赁代理知道注册其会员奖励计划的人的某些关键事情。首先，该消费者很可能经常租车。通常情况下，这应该是一个商务类型人士，这种人更关心便利性而不是价格。当这种人来租车时，时间是有限的，他们也不想站在柜台前面等待数小时来完成文书事宜。而且，因为是由他们的老板来买单，所以他们并不真的关心是否能拿到最好的价格。其次，他已经认识并且信任租赁代理。这些加在一起，这个客户很可能不会在其他地方租车了。因此，当这位客户上租赁代理的网站从机场预订一辆车在一周的中间时段使用一天时，几乎可以不用惊讶最终的价格会高于同一个客户通过匿名信息找到的价格。

最近几年里，零售商已经投入了大量精力来精细设计忠诚度计划。你很难走进一个什么忠诚度计划都没有的超市或者药店。而且如果你注意到的话，你会发现忠诚度计划使得要弄明白或者理解价格变得更加困难。以 CVS 为例，路过的时候进去买头痛药，你会发现，如果你在乎价格，那将很难做决定。一个牌子是第二盒半价，另一个牌子有 1 美元的折扣，第三个牌子则是买两盒第三盒免费，而第四个牌子是买一盒则下一次购买时五折。还有另外一个货品是店家自己的品牌，或许正好也不相上下。所有这些药品都有不同的价格、不同的药效、不同的成分、每一瓶的含量不同，等等。一个消费者该怎么才能弄清楚哪个最有价值？还有再加上混杂其中的客户忠实度计划，或许给你小小的现金回扣，或者是一些毫不相干产品的优惠券，最后，在此之上再算上其竞争范围内不同零售商的数目。这足以使你的头疼得更加厉害！

第二部分
当下：公司利用数据做了什么

20世纪90年代，弗雷德里克·雷齐汉（Frederick Reichheld）和厄尔·萨瑟（W. Earl Sasser）所进行的有关忠诚度计划的早期研究发现，忠诚的客户买得更多并且愿意支付更高的价格。而且，他们还总结出了一个经验法则，客户保留率每增加5%，就能使企业利润率增加25%。难怪我们会看到忠诚度计划的激增！一个客户在一个卖家那里购买的越多，该卖家对这个客户就越了解，也越容易为这个客户个性化定制产品、服务以及价格。

随着更先进的数据分析的兴起，杂货店的忠诚度计划正在变得越来越复杂。像西夫韦（Safeway）和克罗格（Kroger）这样的连锁超市正在利用消费者的购物历史数据来提供个性化定制的优惠和优惠券。"很快就会到达一个转折点，货架上的定价会变得几乎无关紧要，因为我们能够对提供给人们的货品进行非常好的个性化定制。"西夫韦的首席执行官史蒂夫·博得（Steve Burd）在2013年对美联社（Associated Press）这样说道。尤安·怀特（Euan White）是某家帮助超市利用客户数据以增加利润率的公司的高级主管，在同一篇文章中，他说："如今，提供给每一个客户的价格确实是在零售商和客户之间决定的。为你量身定制的忠诚度计划是一个迈向个性化定价的简单方法，那时，我们每一个人得自己去跟卖家讨价还价。"

快速定价

将存在已久的价格歧视与现在的先进技术相结合，已经可以做到动态定价。利用由航空公司开创的系统，几乎任何卖家都能够即时改变它们提供给一个客户的价格。用企业的话来说，我们正在越来越多地看到一种基于卖家对消费者的支付意愿所做的各种计算上的"一对一"生意。卖家会利用它们已经收集到的有关消费者个人的所有信息，从基本的人口统计学信息再到过往购买历史等。例如，史泰博（Staples）公司会依据邮政编码提供不同的价格。住在富有地区的顾客会被收取更高的价格，而在一个有竞争对手的地区，其定价会更有竞争力。在网络世界里，对于从机票到卫生纸的任何东西，产品的价格可以分分钟都在波动。

在几年前报道的一个事件中，一位亚马逊的顾客发现，如果他删除保存在他计算机上的网络跟踪器（Cookie）[①]，他在购买 DVD 时会得到明显便宜的价格。亚马逊否认实施个性化定价，并将其解释为一个随机价格测试。在很多行业中，客户追踪是一个常见的工作。例如，在航空业，如果你读到一些关于如何智胜航空公司以得到最低价格的博文，那你会发现一些博文主张在购买机票前清除你的浏览器信息，使得航空公司无法知道它正在与谁做生意。企业倾向于闭口不谈，甚至于对它们如何定价其产品都有戒备之心。那是因为它们知道公众不喜欢个性化的价格歧视。谁想要那种随时被敲竹杠的感觉？任何人都喜欢折扣，但是没有人想要比其他人多付一倍的钱。因此，企业非常小心地保守它们的秘密，并且对其三缄其口。

然而随着时间的推移，消费者已经适应了某些形式的价格歧视。航空公司的定价变得类似于赌场的赌博已经很久了，以至于消费者似乎勉强接受了它。现在，大多数乘坐飞机的人都已经接受了坐在他们旁边的人有可能支付了不同的价格的事实。如同赌博一样，或许他们喜欢一个有时候能"赢钱"的系统。赌博这一类比是恰如其分的：消费者偶尔赢了钱，但时间长了，庄家总归是赢家。

一些组织已经知道其客户非常私密的个人信息。基于非常详细的客户知识，大学、银行和医院能够精确地评估它们要提供什么以及该收多少钱。很多有道德的公司对它们如何使用所拥有的信息是有所限制的。但是，通常情况下，几乎没有什么能阻止它们在个案中把价格抬得更高。并且，甚至当公司克制自己使用那些能使其获利的信息时，这些道德的屏障有多强、多牢固也仍然值得思考。

消费者面对的问题是，保护我们信息的屏障正在迅速坍塌。我们习惯于只与银行和其他可靠的顾问分享财务信息，现在，很多我们从未预计会被披

[①] 一个由浏览器创建并保存在电脑上的小型文字档案，它保存浏览过的网站信息，可用于协助识别和维护与该网站的状态信息，也可保存少量用户信息。——译者注

第二部分
当下：公司利用数据做了什么

露的财务信息，已经可以从数据经纪那里通过付费获得。此外，财务信息是在线收集的。虽然谷歌公司和 Facebook 使用的技术在很多方面还处在初级阶段，但很有可能的是，它们以及其他大型互联网数据玩家将会有能力拼接出我们每一个人非常清晰的财务状况。改变比你所想象的来得更快。而且，一旦企业知道了它们需要了解的所有事情，它们就能开始实时计算你对任一事物的支付意愿以及支付能力。动态定价常常被描述为一个讨喜的术语，类似于总是给消费者"最好"的价格这一类。消费者应该问的问题是，对谁最好？降价销售、特别价格和折扣或许使其看起来似乎是消费者在一个特定时刻得到了特殊优惠。但是，请记住，一家企业能提供一个特别的即时优惠的话，也能向你收取你准备支付的最高价格。该系统显然是双向运作的。并且，随着收集、分析和存储信息的价格的下跌，实施动态定价的成本也在下降，使其越来越划算。

价格经济学

经济学家们早就知道，当企业达到某种垄断程度的市场控制力时，价格歧视就会发生。在真正的竞争市场中，价格歧视是不可能发生的，因为消费者可以寻找且得到更低的价格。对一些消费者来说提高价格是行不通的，因为有能力得到低价的消费者可以大量购买，然后再转卖给其他人。在这种情况下，企业是价格的接受者，而不是价格的设定者，因为它们不得不接受市场承受得起的价格。但是在企业能够设定价格的市场中，它们会在价格上实行区别对待。完全竞争的市场是非常罕见的事。仅是信息鸿沟就足够大到让大多数公司至少拥有一定程度的市场控制力和一些在价格上区别对待的能力。回想一下普林斯顿大学的例子。尽管美国有很多大学，但只有一个普林斯顿大学。因此在某种意义上，普林斯顿大学拥有自己的一个垄断点。如果你真的想要一个普林斯顿大学的教育经历，你就得接受普林斯顿大学给你开出的价格。每一个知名品牌都有一个类似的特征。你可以找到更便宜的可乐，但如果你想要的是可口可乐，那你就不得不支付可口可乐提出的价钱。

除了一定程度的市场控制力，其他因素也需要同时到位，才能进行一对一的讨价还价。任何时候企业对其客户进行区别对待，很快就会出现一个二级市场使价格平衡。能得到最低价格的消费者很快就会把东西转卖给其他任何人。因此，在有可能转售的地方，企业常常试图限制或者禁止人们转让它们的产品。想象一下航空公司是如何做到这一点的。根本没有什么恰当的理由能说明飞机票是不能转让的，可它们就是不能被转让。你或许会听到航空公司辩称机票不能被转让是基于安全考虑，但是其实有很多不需要危及我们安全的办法来处理名字变更。真正的原因是，这意味着你不可以买一张低价的机票然后将其卖给你的邻居。如果我们可以转卖机票，那票价将会很快得到明显的平衡。企业还必须识别不同的细分市场，了解不同的细分市场有多么渴望或需要它们的产品。为了不让客户知道什么时候他们正被收取更多费用，不同的细分市场需要保持彼此独立，要么是物理或时间上的独立，要么是使用类别上的独立，就像一本教科书的教师版和学生版。另一个例子可以是，以全价推行一本新书或者 iPhone，然后在稍晚一些时候推出较低价格的版本。那些想成为首批用户的人，就得支付更高的价格。

所有的价格歧视都仅有一个目的：从消费者那里获取剩余价值。"企业都知道，一些人能够并且愿意付更多钱。"蒙默思大学（Monmouth University）的一位经济学家史蒂夫·普锐斯曼（Steve Pressman）说："为了进行价格歧视并且设法得到消费者的剩余价值，它们首先需要找到会支付更多的人，然后再对那些人收取更高的价格。"普锐斯曼教授通常在他的课上这样解释价格歧视："一个价格歧视的简单例子是理发的费用。男性，通常不是非常在意他们看起来如何，而且有时甚至没有太多头发！与女性相比，他们一般愿意为理发所付的钱更少些；女性则常常对她们的头发非常在意。向女性收取的费用比向男性收取的更多，就能够得到一些消费者的剩余价值。虽然，从你的角度来看这并不公平，但是，这在实际操作中是相对容易做到的。"为了补偿这一差异，女性的理发倾向于包含更多"服务"，例如一个放松按摩、洗头发以及对最后吹发造型的更多关注。在实践中，尽管服务上的差异可以是很小的，但是价格差距却是巨大的。

第二部分
当下：公司利用数据做了什么

对于卖家来说，价格歧视是一个巨大的机会，而且买家只有在非常罕见的个案中才能够获益。这完全取决于卖家的意图。在普林斯顿大学的这个例子中，假定普林斯顿大学的标价是一个合理的价格（貌似是这样，尽管远不能确定），负担不起全额学费的低收入的家庭获得了好处，而普林斯顿大学会因财务资助而损失一大笔钱。但是，出于个人原因，一位旅客突然不得不买一张从纽约飞往巴黎的机票，并且最终花了两倍于平常价格的钱时，他损失惨重。价格歧视实质就是让消费者支付他们愿意支付的最高价格，使企业从每一个客户那里赚取所有可能获得的收入。总的来说，这对于企业来说是件非常好的事，但这是来自于消费者付出的代价。价格歧视的激增在商界创造了一个不同的现实：这不再是一个千百万消费者都处境相同的大众化市场，只有你自己，全靠你自己来对抗这个世界。

广泛的价格歧视带来了两个宏观的问题。

第一个问题是它会带来更高的总体价格。高校的学费就是一个很好的例子。根据美国国家教育统计中心和美国人口普查局的统计，自1969年以来，每个家庭上大学的平均开支几乎翻了一番。对于那些在授予学位的机构（包括公立和私立的高校）就读的全日制学生来说，这些开支包括学费、杂费和食宿费用。根据美国国家教育统计中心的数据，将通货膨胀计算在内，1969年每个家庭为孩子上高校的平均开支是9502美元，2012年达到19 339美元。在美国，中等收入家庭的平均收入为51 017美元，这样来看一个孩子的大学学费几乎用去了该家庭近40%的收入。相对于1969年，这个增幅是巨大的。当然，这还要取决于你要去哪里上大学以及选择公立大学还是私立大学，这些大学的价格差别巨大。将近四分之三的美国人上公立的高校，尽管其开支一直在快速增长，但仍然远低于上私立高校的开支。将通货膨胀计算在内，1969年公立学校平均收取7206美元，2012年平均收取14 292美元。而在私立学校，1969年平均收取15 329美元，2012年平均收取33 047美元。

学费上涨的原因是什么？这里有若干因素。首先，在绝大多数学校，行政管理开支一直在猛烈增长。某种程度上，这与申请和招生的爆发式增长需要更多资源有关系。但行政管理人员，特别是那些主管，他们的薪水貌似比机构里其他人的要高出很多。这并非闻所未闻，一所知名大学校长的薪酬算上基本工资、奖金、福利计划等将接近一百万美元。同时，用来升级校园中的学生基础设施的开支也在迅速增长，如健身房、学生中心、宿舍楼等。基建的热潮很像军备竞赛，各个学校在最先进的健身中心上互相竞争。教育公共开支的削减也已经导致了公立高校学费的大幅上涨，因为这些机构试图与私立学校在支付行政管理费用和升级校园设施方面齐头并进。

然而，随便问一个经济学家，你就会发现，价格歧视在越来越高的学费中扮演了一个至关重要的角色。允许高校在价格上区别对待的财务资助系统，使抬高标价变得十分容易。学校不用担心它们的部分客户没能力上学或者不能卖出所有的名额。它们可以收取任何它们想要的价格，因为大多数人都不是真的按标准价格付费。哈佛大学吹嘘称，所有注册学生中的70%收到了某种形式的财务资助。这意味着，三个学生中有两个不用支付招生广告上的标价。当卖家再也不在价格上进行竞争的时候，就没有压力来保持他们的低价。而且，更高的价格带来更高的学费收入。这一效果仅仅显现在收费范围的高端，因为收入较少的学生一直以来都支付他们所能负担得起的价格。而较富有的学生支付不断提高的标价。符合逻辑的最极端做法是，学校应该彻底废除标价，然后对每一位入学新生按其家庭财产的比例收取学费。

价格歧视带来的第二个问题是它结合了品牌认知度和广泛认同的声誉。对其他大学的标价来说，哈佛大学的学费标价是一个重要的基准。如果其他学校想收取比哈佛大学更多的钱，它们就要能够自圆其说。但是，如果一所学校收取的学费比哈佛大学的少，那就是心照不宣地坦白说学校没有达到哈佛大学的标准。因此，私立大学的学费标价会趋于跟随领先的大学。

价格歧视让市场价格上蒙上了一层迷雾。对于高中的高年级学生来说，他们想去的那些大学里的学生们到底付了多少学费，他们只能获得相当有限的信息。最初，他们所能看到的就只有标价。接着，经过了一个相当复杂的

第二部分
当下：公司利用数据做了什么

申请过程之后，他们终于看到了要价。当你在 Expedia① 上搜索一张从洛杉矶到墨尔本的机票时，你只看到提供给你的价格。Expedia 不会告诉你其他人支付的价格。一位消费者怎么可能有能力弄明白他是在支付"市场"价格还是一个为他们编凑出来的任意价格呢？即使消费者询问有关平均价格的信息，也好不到哪里去。统计分析这一概念依赖于差异，消费者没办法在这一点上跟得上。为了创造一个公平的谈判场，消费者不得不想方设法获取关于班机搜索和机票购买的实时数据输入，收集大量航班行为的数据，然后将所有数据输入到强劲的、能预测最好方案的分析引擎中才行。但是所有这些都不会发生，因此，消费者只能勉强使用那些价格比较网站。这总比一点信息都没有要好，但那也不是一个公平的竞技场。航空公司对每一个人的支付情况有精准的信息，而消费者则几乎被蒙在鼓里。在经典的"分而治之、各个击破"的策略中，价格歧视将消费者彼此隔离，并保证他们对市场一头雾水。航空公司仅仅是冰山一角。在几乎任何一种类型的市场中，定价正在变得越来越狡猾、越来越复杂，也越来越不透明。所有那些花招和策略制造出了一个相当于暗池交易（dark pools）的东西，在那里，只有知道内幕的人才能够获取全部价格数据。当消费者不能看到其他人支付多少钱的时候，卖家就占了上风。消费者被迫盲目地接受卖家提出的价格。价格歧视是一个用来掏空消费者口袋的有效工具。

企业对价格歧视毫无歉意，因为它们认为价格歧视是做生意的一个正常部分。你一定听过某些公司经理的辩白："向顾客们收取一个对于他们来说值得的价格有什么错呢？"但这是一个自由的市场，如果顾客不喜欢它，他们就应该可以从其他人那里购买。如果现实世界与一个经典定义下的完美市场一致，那就该如此。在之前大众市场占优势而且消费者捍卫他们自身利益的年代，价格歧视会被称作"牟取暴利"和"哄抬物价"。对于"哄抬物价"这一现象，特别是在紧急情况发生之后，公众会给予非常大的阻力。2012 年，在飓风桑迪结束后的一段时间里，汽车司机们对抬高价格的加油站和杂货店

---

① 全球最大的网络旅游公司。——译者注

进行了上千次的投诉。我敢打赌，加油站的所有者并不觉得它们做了任何不对的事情。在它们自己看来，它们是精准地向消费者收取了一个对于消费者来说加满油箱所值得付出的价格。毕竟，在整个经济环境中，难道不是每个人都在做着同样的事，尽其所能收取尽可能多的钱？

对于大多数美国人来说，利用灾难来赚钱的想法还是太过分了。美国的一些州已经通过了法律，禁止在紧急情况下哄抬物价。应该承认，在需要像汽油这样的基本生活供给时，消费者会变得极其脆弱。在实际操作中，困难的事情是确定什么是合理或者公平的。以我们现在给汽油定价的方法，司机们对价格大概多少还是有些概念的，因此一个突然上涨到原价两倍甚至三倍的价格看上去的确让人无法容忍。但是，随着忠诚度系统和个性化价格折扣的激增，当越来越多的消费者会支付比广告全价便宜的价格时，标价会缓慢提高。最终，司机将再也不会知道汽油的市场价格到底是多少。在线"汽油寻找者"（gas finder）服务或许会试图填补这个空缺，帮助司机们避免大多数极其恶劣的情形。但是，客观性将会是一个值得担心的事，而且，加油站可能选择不参与。

汽车服务公司 Uber 就是一个很有趣的例子。该公司利用其计算能力来实时设定价格，当要车请求多的时候提升价格，而其他时候降低价格。Uber 在消费者看来是一个在线出租车服务。当他们需要车时，就使用智能手机上的一个应用程序，这个程序会基于请求发出的时间点和所在区域或邻近地区来计算这一段路程的价格。在飓风桑迪之后，当纽约市的交通严重中断，Uber 收取的价格大幅飙升，引来了消费者的抱怨。在历经了与纽约州总检察长历时两年的讨论之后，Uber 公司同意遵守基本的价格欺诈法律，并且表示公司也会随后在全美范围内这样做。

事实上，价格欺诈法律在切实保护消费者方面所能提供的非常之少。它的基本原理只在一个官方认可的紧急状态时期适用，例如暴风雨或者地震摧毁整个社区时。并且，价格欺诈法律只适用于提价是不公平的并且不能用其他因素解释的。因此，最基本的问题变成了判定什么是公平，而这通常不是

第二部分
当下：公司利用数据做了什么

一件容易的事情。如果这样的话，除非是一个大范围的紧急情况，否则消费者就毫无运气可言了。就算某种紧急情况是仅仅适用于你的，比如生病、火灾、家庭危机等，卖家仍然可以随意地、尽其所能地要价。

类似佛罗里达、纽约和加利福尼亚这样的州，在出现紧急情况的时候有所谓的"哄抬物价"法律，但实际上违法行为很难被起诉。联邦政府有一部分名为《鲁宾逊·帕特曼法案》（*Robinson Patman Act*）的法律，表面上看似更广泛地防止价格歧视。但是，该法律有一个严重的局限性。除非有意图减弱竞争或者制造垄断，否则价格歧视就没有违反这一法案。这意味着这条法律只适用于保护公司，它或许可以防止一家公司被歧视，但消费者并没有那么好运。公司可以有恃无恐地向不同的人收取有所区别的价格。1996年的一个法律案子直到今天还在被大家谈论。消费者起诉"维多利亚的秘密"公司，理由是在它分发给消费者的产品目录中，相同产品有不同的价格。美国纽约州南区地区法院的罗伯特·W. 斯维特（Robert W. Sweet）法官驳回了起诉请求，并且做了一个极罕见的举动，甚至在一开始就制裁了提起诉讼的代理律师。

自由市场的维护者长期以来都在极力反对价格欺诈法案，理由是它们干扰了产品和服务的分销。这一理念有很多拥护者，但它没有反映出真实的世界。它建立在一个明显的同义反复之上。只要你假定了一个已经符合了完美模型的市场，你就没有任何理由试图去改进它。这样的想法是很容易被驳斥，因为不仅现在没有，而且也从来没有过一个完美的市场。信息不对称、关键资源的所有权、通信和运输上非常现实的挑战，以及人们需求的时效性本质，这些都阻止了货物和服务以相同的市场出清价格①从卖家向买家流动。在现实世界中，有很多机会让卖家能够赚取额外的钱。过去，大多数定价的机会并不容易被利用，因为它们趋向于对每一个个体都特别处理且分分钟都在变化。但是，随着卖家收集并利用的信息越来越多，它们错失获利机会的次数也会越来越少，个人越来越缺乏资源与动力来了解卖家。

---

① 市场出清价格（market-clearing price），指市场中实现供给与需求双方平衡时的价格，又称为均衡价格。——译者注

对于市场公平分配事物的能力，很多人显示出极大的信任。人们认为，倘若某人已经准备好了支付一个高价，那么它就值那么高的价钱。毕竟没有人拿枪顶在他们脑袋上。其实这正是问题所在，消费者时刻在任何事情上都感受着很多压力，从对生存的基本渴望到对自我表现及自尊更为复杂的需求。有时候，这种压力就相当于顶在脑袋上的一把手枪。大多数人不愿意接受这样一种情形：对于能挽救生命的治疗，医生和医院能够随心所欲地收取他们想要的费用。更为常见的是，有一种程度更加微妙的压力牵扯在内。试想，你急于参加一个会议，你快迟到了，每一分钟都对你很重要。在那种情况下，你基本上不得不接受提供给你的任何东西，因为你没有时间去购买替代品。

没有了对价格歧视的限制，消费者市场将逐渐发展为一对一市场，在那里卖家会发掘各种机会来尽其所能收取尽可能多的费用。在极端情况下，消费者将不得不放弃他们所拥有的任何东西。众所周知，泰坦尼克号缺乏足够容纳其所有乘客的救生艇。试想一下，如果收取市场对于救生艇上每个位子所能承受的费用，那么白星航运（White Star Line）能够聚敛多少财富。如果我们的经济系统允许卖家从消费者的痛苦中获取利益，这就会成为一个完全不正当的奖励机制，允许甚至刺激越来越多将消费者置于压力之下的情况发生。将泰坦尼克号想象成一个利润中心可没那么吸引人。为了提高机场便利店商品的销售量，而让人们在机场安检处排起长长的队伍，同样也是令人讨厌的。

尽管经济学理论家们考虑过区别性定价对消费者剩余的威胁，但大多数经济学家往往倾向于忽略这一问题。主流的新古典主义经济理论主张价格歧视只不过是有效市场的一个特性，而不是一个引发问题的担忧。这个想法的意思是如果公司能够给消费者以每个人都愿意支付的价格提供产品，那么我们就会有一个对经济资源的有效分配。但是，这需要以一个公平的竞争环境为前提。相对于收集很多数据的企业来说，想要发掘省钱机会的消费者并没有处在一个有利的位置。与之相反，企业却处在一个能从消费者那里收取更多费用的绝佳位置上。这并不是一场公平的竞争。

第二部分
当下：公司利用数据做了什么

经济学家讨厌考虑公平性，因为这搞乱了他们整洁的理论。经济学家完全没有准备好在这个大数据和隐私终结的时代处理基于一对一价格歧视的现实情况。大多数关于消费者价格歧视会有什么影响的研究，都把高校实施的价格歧视这一类型看作在经济领域其他地方不可能发生的事情，而不予理会。高级经济教育专家斯科特·A.沃拉（Scott A. Wolla）在给圣路易斯联邦储备银行的一个通讯简报中这样写道："这将要求你读懂消费者的想法，并且看穿他们的钱包。"

少数经济学家，例如布兰迪斯大学（Brandeis University）的本杰明·瑞德·希勒（Benjamin Reed Shiller）一直在尝试研究，假如企业对你了如指掌，可能会发生什么。在2013年的一篇学术文章中，希勒观察了奈飞公司（Netflix）并且构建了一个模型，用以研究如果奈飞公司有不同程度的消费者信息会对其利润造成什么样的影响。仅凭基本的人口信息这一项来提供不同的价格，利润会增长0.14%。再加上来自网络浏览历史数据，利润会增长1.4%，对于相同的产品，还有一些消费者会支付两倍于其他消费者的价格。这只是冰山一角。企业让消费者支付更多费用的潜力是极其巨大的。

动态定价不会渐行渐远，价格歧视也不会。伴随技术的每一次进步，企业对动态定价的使用会变得更熟练，成本也会更低。其结果就是商业利润的增加。没有任何法律来保护消费者，而同时大多数经济专家让政策制定者让步，消费者就只能依靠自己了。每一次购买都将会是一次与某个卖家的博弈，而卖家对买家了如指掌。机会将会眷顾谁，这是非常清楚的。此外，在寻求最好的优惠时，消费者还会被置于与所有其他消费者竞争的境遇。在读完达尔文的进化论之后，英国哲学家赫伯特·斯宾塞（Herbert Spencer）首创了"适者生存"一词。这个词对数字时代的商务来说真是恰如其分。食物链顶层的捕食者，是不会成为被捕食的目标的。

ALL YOU CAN PAY

第 5 章
一切为你量身定做

> 每家数据公司都梦想设计出一套根据每个人的个性量身定做信息的算法，事实上这套算法正在被各个数据巨头们不断完善，在未来我们的每一下点击都可能被定制。价格歧视和大规模定制正在重塑我们的经济，我们正在交出我们自主裁决的权利。

2009年12月4日，星期五，谷歌公司的技术专家写了一篇热情洋溢的博文，讲述了有关谷歌搜索的一个变化。那是地球上的每一个用户第一次都可以用谷歌进行个性化搜索。这就像是谷歌突然打开了一个开关。曾经，每个人所用的谷歌搜索都是一样的；而从那以后，谷歌就会根据你是谁和谷歌对你的了解，为你量身定做每一次搜索。

谷歌公司推出个性化看似很像是一夜之间发生的事，但事实上是多年努力的成果。谷歌公司在1998年刚成立时，创始人谢尔盖·布林（Sergey Brin）、拉里·佩奇和首席技术官克雷格·希尔弗斯坦（Craig Silverstein）就一直梦想着开发一个完美的搜索算法。他们力求完美的观念总是包含着适应用户这样一个元素。由于每个人都是独一无二的，搜索需要给每个人独立的响应。在搜索技术发展的早期阶段，这个挑战是遥不可及的。但是，当谷歌公司已经弄清楚如何更好地对大多数人作出回应，并由此确立了其"龙头老

第二部分
当下：公司利用数据做了什么

大"的地位之后，它更加专注于扩大其技术领先地位。于是，个性化成了当务之急。

在谷歌公司内部，希尔弗斯坦领导了在谷歌实验室进行的个性化搜索的开发项目。谷歌实验室的职责包括开发新产品，以及更重要的在公共领域的用户上测试新产品和新服务。有兴趣参与的用户可以随便尝试谷歌最新的公众点子，并把批评反馈给谷歌的工程师（这个项目于 2011 年关闭）。2004 年 3 月 29 日，谷歌公司发布了个性化搜索的测试版。最初，谷歌公司采用了完全不同于其他公司的个性化方式。当时它的竞争对手亚马逊和微软公司也在试图解决类似的问题，它们通过一切可能的手段去搜集用户的信息，并以此为基础做出一些假设。而谷歌公司则认为可以通过询问用户自己来创建个性化搜索。

谷歌首个个性化搜索版本要求用户选择各个关于他们自己的信息类别来加快他们的搜索过程。那是个相当粗糙的系统。这些信息类别包含了个人兴趣，如体育运动和娱乐活动，以及一些简单标准的问题。因此，如果一个用户选择了网球作为兴趣，当她搜索球类时，她会马上看到网球，这是因为谷歌知道了那和她的兴趣有关。

在一次于测试版推出前后发布在网上的采访中，希尔弗斯坦表示谷歌的方式相对其对手们的来说更加聪明。他说："在后者（指竞争对手）的场景中，是先学习，然后才来帮助访问者，需要计算机在两个地方做出智能判断。我并不是说这种方式没意思或者没前途，但是它确实对计算机的压力太大。当你告诉计算机你的兴趣爱好，那么它们只需要具有使用这些信息来帮助你的能力即可。它们在试图利用个人信息帮助用户的目标上是一致的，问题只是如何能达到目标。将来，我们会有更多的方式。"

几个月后，谷歌公司改变了这种方式，因为依靠用户提供精确的信息不如自主收集更加有效。由于谷歌公司是领先全球的信息整合者，这完全是一个可行的选择。2005 年下半年，个性化搜索测试结束。谷歌公司注册成立个性化搜索，将其作为谷歌账号用户日常服务的一部分，和谷歌邮箱、博客服务、YouTube 或谷歌组一样。对于任何一个注册谷歌账号以获取一种或更多谷歌服务的人，谷歌都能够轻松创建一个用户配置文件，并以此作为个性化搜索的基础。当时，谷歌的个性化搜索覆盖了世界上数以亿计的人，只要他们有 Gmail 或 YouTube 账号。

在随后的四年里，谷歌公司的个性化搜索只对其注册账号用户开放。2009 年 12 月，谷歌改变了它的搜索算法，开始为所有的用户提供个性化搜索。通过将网络跟踪器植入搜索用户的计算机，谷歌开始记住搜索和跟踪网页浏览历史。集中所有其他的数据源，谷歌能够为每个用户创建一个详细的配置文件，与网络跟踪器和其他独特的标识符绑定。每个配置文件都可以成为相应的个人定制搜索的模板。如今，谷歌公司的个性化搜索不仅仅是以网页浏览历史为基础，还能够访问每一样谷歌所知道的关于搜索者的信息：住址、朋友圈、雇主、喜好、在社交网站上的互动、购物记录等等。而且，时光无法倒流，个性化搜索再也不可能从用户的谷歌搜索中分离出来了。这意味着任何一次搜索都不会有一套标准或典型的搜索结果了。每个搜索网球的人都会得到些许或显著不同的搜索结果，因为他们的性别、年龄、收入、社交团体、地理位置和其他一些信息的不同。一个人查询关于政治的新闻，得到的结果将和邻居或朋友查询得到的有所不同。

2012 年，DuckDuckGo[①] 是一个新兴的搜索引擎，也是谷歌的对手，它在谷歌搜索上进行了一系列测试。DuckDuckGo 的创始人加布里埃尔·温伯格（Gabriel Weinberg）为那些不想被追踪或者不想看到个性化后的网络内容的人开发了这个搜索引擎。实验显示，无论他们怎么做，每一个在谷歌上的网页搜索结果都是被个性化了的。根据数字新闻网站 TPM 的报道，温伯格说："在登录谷歌后，你期望一些个性化是正常的。但是如果你退出登录或者在隐身模式下，期望可以得到'常规结果'，结果我们发现在谷歌上再也没有'常

---

① DuckDuckGo 的意思让你做一只没有"鹅"追逐的鸭子，也就是所有用户浏览过的网页是"阅后即焚"，绝不追踪你的网页浏览历史，全面保护你的隐私。——译者注

第二部分
当下：公司利用数据做了什么

规结果'了。"

个性化搜索对社会和政治已经有了很多影响。伊莱·帕里泽（Eli Pariser）在其2011年的辉煌大作《过滤气泡》（The Filter Bubble）中揭示了个性化搜索消极的一面。在那之前，谷歌和其他公司都在大肆鼓吹个性化搜索对公众来说是非常好的，因为它让搜索更快更有效。个性化搜索更像是告诉人们他们想听的话，而不是一个普通的搜索结果。但是帕里泽解释说，提高效率是有代价的。它倾向于把社会分割成有类似想法的人群，隔离了其他观点和视角。于是，它可能会破坏我们已经存在的民主制度。帕里泽担心，个性化搜索最终会引导到这么一个方向：降低创造力，通过加强偏见和成见来限制智力挑战。因此，具有讽刺性的是，个性化搜索不是扩展了人类的智力，实际上是在某种程度上限制了它。

帕里泽提出了一些重要的问题，涉及个性化搜索对社会和政治的影响。除此之外，个性化搜索对经济也会产生深远的影响。个性化搜索开始于广告，对于谷歌、Facebook和亚马逊这样的公司，广告卖得越多，它们也就赚得越多。因此，个性化搜索是一种能促使广告销售最原始的方式。更重要的是，它还会使广告售价更高。广告越有针对性，谷歌就赚得越多。广告被用户点击的次数越多，像谷歌这样的公司就赚得越多。广告本身对用户而言并不是坏事。理论上，广告让消费者意识到购买产品或服务的选择权，这是有益的。没有人必须一看到广告就一定要购买产品。但是个性化搜索和广告对商业及经济的影响往往是潜移默化的。首先，公司从个性化搜索中获得的回报是巨大的。毕竟，个性化是一种获得消费者剩余的手段。通过决定消费者能看到什么，网络公司在影响购买决策上有着非常有利的地位。这是一种极有价值的权利。

个性化搜索导致个性化广告，然后出现了个性化网站。互联网的能为每个用户量身定做整个体验。记住我们地址和消费历史的网站能够推荐我们最可能感兴趣的商品同时提供更多优惠。它们的目的并不在于为消费者省钱。事实上，是为了刺激更多的消费。

谁动了你的数据
ALL YOU CAN PAY

个性化不是孤立存在于虚拟世界里的。新技术正在把个性化扩展到线下的大千世界之中。多年以来，服务业已经倾向于高度个性化，就好比雇用一个园丁或者管家。你有一些基于你自身以及房子或花园独一无二的要求，并且会根据这些要求和对方商谈价格。但是商品又是不同的，直到目前为止，个性化商品仍然非常罕见，因为它们的生产效率不高。直到有了新科技，个性化才开始横扫商品市场。随着你看到和购买越来越多为你量身定做的产品，你和卖家及市场的关系正在改变。这对我们每一个人都有重要的影响。

如果谷歌公司从没越界去卖广告，如今的个性化搜索会有很大的不同。用户和谷歌公司的关系也不会像现在这样。当搜索结果和广告收入之间绑定时，就像谷歌公司那样，对于消费者来说，个性化搜索的确有经济影响。当你搜索时，谷歌能够决定你看得到什么和你看不到什么。那意味着谷歌公司在你的经济选择权上、你购买什么和你的花费上有很大的话语权。

早期的谷歌公司是没有广告的。在1998年到2000年间，谷歌公司只是致力于在网络上整合信息来帮助用户找到他们要找的东西。它的页面排序取决于最相关的或是人们点击最多的网站。到1998年底，因为它的设计时尚简洁，搜索结果看上去比当时其他搜索引擎的更好，谷歌已有大约6 000万页面的索引，并且开始开发后续产品。

2000年10月，谷歌公司低调地推出了谷歌广告关键字[①]，开始销售广告。通过谷歌广告关键字，谷歌公司出售与搜索关键字相关的广告。广告客户支付的价格按每个广告上的点击数来计算。谷歌公司的优先级突然改变了，它不再仅仅提供一个中立的工具来帮助搜索用户决定他们要点击什么，而是在运营的过程中获得了直接的利益。有史以来第一次，谷歌公司有了一个真正的经济上的动力促使它引导用户点击某些特定的内容。这标志着一直延续到现在的谷歌与其用户之间不和谐关系的开始。一方面，谷歌公司得让广告商

---

① 即Adwords，这是一种通过使用谷歌关键字广告或者谷歌遍布全球的内容联盟网络来推广网站的付费网络推广方式。——译者注

第二部分
当下：公司利用数据做了什么

满意它的广告付费服务。另一方面，它还必须让用户保持信任从而继续使用谷歌。缺了任何一个，谷歌都将成为历史。

谷歌公司的创始人布林和佩奇一直都知道把广告植入搜索对用户是有害的。他们俩在 1998 年发表的一篇名为《大规模超文本网络搜索引擎剖析》（*The Anatomy of a Large-Scale Hypertextual Web Search Engine*）的研究论文中写道："（我们）预计广告资助的搜索引擎将会天然地偏向于广告客户而远离用户的需求。" 由于每个用户也是一个消费者，被广告驱动的搜索引擎从根本上改变了谷歌与其用户之间的关系。在谷歌公司销售广告之前，它为用户服务。它纯粹专注于为它的用户提供最好的服务，例如，如果某人搜索了一个名字，搜索引擎会免费把从可靠来源那里得到的结果显示在网页上。一旦谷歌公司出售了广告，它就更有动力在你必须付费的网站上找到那个名字，尤其是在谷歌上做广告的网站。

来自美国投资研究公司 Trefis 的一位证券分析师的研究报告，清楚地解释了谷歌是如何从它的所作所为中获得收入。据这个分析师说："谷歌公司的广告客户会通过竞购关键字来让它们的广告出现在谷歌的搜索页面上。谷歌广告关键字允许这些广告客户通过按点击次数或浏览次数付费的方案，在谷歌搜索结果和谷歌的内容网络（Google Content Network）中显示它们的广告。关键字的价格、可用的关键字清单和用户搜索的频率对谷歌在搜索上获得的收入都有影响。"此外，谷歌公司还通过在它的其他服务上投放广告赚钱，如谷歌邮箱和 YouTube 以及 AdSense 这样的合作网站。

谷歌公司把它希望你点击的内容展示给你，这就是它赚钱的方式。你点击得越多，它们就赚得越多。对广告客户来讲，最有价值的点击是那些带来最大利润的点击。这里涉及了一个直接的利益冲突。当谷歌引导你进行消费的卖家售价越高，它们就赚得越多。但是如果被你发现，你也许就不会再信任谷歌，因此谷歌对这一点解释得越少越好。同时，谷歌的动机不仅仅是简单地把东西展示给你，还包括把东西卖给你。那意味着 2000 年 10 月，当谷歌开始销售广告时，它们就不再是代表用户的信息汇集者，而成了又一个卖家。

定制我们的每一个点击

搜索一直处于我们互联网体验个性化的最前沿。目前，每一家网站都在跟随这个潮流。如今，从搜索到浏览网站，你的整个体验都在朝着量身定做的方向发展。目的不在于必须卖更多的东西给你，而是卖给你更昂贵的东西。定制商品和服务比起大众市场的产品可以让公司可以要价更高。

网上零售业巨头亚马逊将其网站定制化已经有一段时间了，如今，定制网站更是成为了市场营销最热门的趋势之一。从小公司到大公司再到网络营销公司，如 Marketo、HubSpot 和 Pardot 提供了多种不同的方式来个性化访问网站的体验。理由很简单，一个和消费者越相关的网站，消费者越有可能在上面花钱。到目前为止，网站的客户化仍是相当琐碎的。你也许会在操作花旗银行的网银时，看到一个可口可乐的广告，而与此同时，另一个人看到的是百事可乐的广告。还有些网站允许用户对自己的账号进行个性化设置，比如改变显示方式、颜色配置和选择最喜欢的设置。有时这很烦人，你也许已经注意到弹出广告跟你刚刚在线购买的产品类似。在那种情况下，你不得不怀疑它们在想什么。如果在开学时，你给每个孩子买了某个背包，你真的会再买一个吗？

除此之外还有更复杂的客户化，比如网站会保存你的信息、喜好和浏览历史，并且动态地改变它所显示给你看的内容。所谓的动态网站个性化，是当前所有网站发展的方向，网站可以改变显示给某一个访问者看的内容、消息、产品和服务，这些都是建立在那些收集到的、跟用户有关的信息，包括从网络行为到个人历史及地理位置基础之上的。

到目前为止，亚马逊一直是大型网上零售商客户化其网站的标准。当你点击网站时，出现在屏幕角落里的第一样东西就是你的名字和推荐给你的产品。这些推荐是根据你过去所购买的产品、所浏览过的商品、评级以及亚马逊从你那里收集到的一系列个人信息来完成的。亚马逊消费者在其网站上买

第二部分
当下：公司利用数据做了什么

得越多，网站的内容就更个性化。2003年发表的一篇文章中，亚马逊描述了它是如何提供个性化的推荐：

> 亚马逊广泛地使用推荐算法，根据消费者的爱好来个性化网站。因为现有的推荐算法不能扩展到亚马逊数以千万计的消费者和产品，所以我们开发了自己的算法。我们的算法具有能进行一对一的条目间协同过滤、扩展到海量数据集及实时产生的高质量的推荐等多项优点。相比于只是匹配相似的消费者，一对一的协同过滤会将用户购买和评级过的每一件产品与类似的产品进行匹配，然后结合那些类似产品，形成推荐表。为了寻找某一给定产品的最佳匹配对象，该算法还通过寻找消费者可能一起购买的产品建立了类似产品表。

为了客户化其网页内容和提供个人产品推荐，亚马逊使用网站跟踪器（cookies）。网站跟踪器本质上是一个识别标志（ID tag），当你第一次访问网站时，由这个网站放在你的计算机上。它允许网站跟踪和记录你在网站上的操作，包括点击链接、翻页和填写信息。它还记录你在网站上停留的时长，个人喜好和购买的产品。它确保你下次访问时，所有这些信息都被记住了。如今，几乎所有的网站都使用网站跟踪器，它们中的一些网站也许会提醒访问者这个事实，另一些则不会。由于简单的网站跟踪器能被删除，使它无法为广告客户跟踪网络用户，当新型的网络跟踪器如缓存文件（flash）或永久网络跟踪器（evercookies）被发明出来了，它们更难被删除，它们能让网站一直跟踪你。例如，永久网络跟踪器会在单个网站上不间断地复制自己，因此不能被轻易删除。

另一个网络定制的例子是我们很多人所熟悉的奈飞公司。用户收到基于他们以前看过的电影而推荐给他们的电影。在你回答关于不同流派、评级和你看过的电影的问题时，这家公司也会提供"个性化"选择。一旦你看到什么，你可以点击一个推荐按钮或者在Facebook上与你的朋友分享你的感受。

奈飞公司给其用户一个在网站上标记他们喜好的选择。其他一些网站也在类似的基础上提供客户化服务。例如，一个在线教育网站能够根据你把自己标记成教师、家长还是学生来改变显示的内容。招聘网站上你能看到的内容取决于你正在找工作还是在为某个空缺职位进行招聘。大多数网站都是通过跟踪你的浏览记录和你搜索过的条目来个性化其内容。互联网的定制化在许多方面仍然是比较粗略的，但是它正在飞快地演变。市场营销和管理咨询领域也在大力开发这类新业务。仅仅设想一下尚未开发的定制化在广告业的前景，潜力就不可估量。在广告客户把照顾到种族成见或社会经济地位的图像和广告展示给你看之前，要多长时间？假如，当他们知道你偏好某种外表而不欣赏另一种，例如有着许多文身和在身上打很多孔的人。那么，通过在广告中采用不同外表的人，让他们的竞争对手看上去不如自己，有多么容易？同时，如果你仅仅看到显示给你看的内容，谁又能知道其他人看到了什么？试想一下，一种新的早餐麦片可以怎样做广告来让它对我们每一个人都那么有吸引力。如今，每种麦片有许多不同种类。例如，My Muesli 有 80 种不同的成分，可以用来定制你自己的麦片。

My Muesli 就是个很好的例子，它显示了线上和线下世界是如何融合的。当你从这家公司购买产品时，你买的是实实在在的可食用麦片，但是你并没有进入实体商店。你选择你要的成分，甚至包装，如罐装，并且这一切都是在线上完成。如今，没有一家公司能够不拥有强大的网络功能就能继续进行运作的。正如 eBay 的市场总裁戴文·维尼希（Devin Wenig）在 2014 年麦肯锡公司对他的一次采访中说："多年以来，我一直认为电子商务是个有意思的发展方向，但是从前它主要是在零售业。现如今，我们甚至不知道电子商务到底该如何定义，因为线上和线下的业务已经融合到一起。现在，每个商家、每个零售商都必须有全渠道零售的战略，不然就没法生存。甚至和一年前相比，也有了很大的不同。"同时，发展趋势也不仅限于从线下发展到线上。电子商务公司也在努力开展线下业务。例如，亚马逊表示，2014 年底前，他们会在曼哈顿开家实体店。

第二部分
当下：公司利用数据做了什么

大规模定制的扩展

网络个性化促进了定制在整个经济中的扩展，反之亦然。那意味着谷歌的个性化搜索真的是更大的经济发展趋势的一部分，这个趋势从大众市场一直延伸到大规模定制。在市场营销、制造和服务业中，大规模定制都在快速扩展。从本质上说，大规模定制意味着利用技术，实时、经济地按个人的想法量身定制广告、内容、产品和服务。麦肯锡公司表示多亏新技术，大规模定制的时代终于到来了，管理咨询师预计大规模定制将为各公司带来更大的利润。今天，许多公司提供各类产品的大规模定制，比如服装类的运动鞋、衬衫和套装，食品类的咖啡、茶和麦片，健康美容产品类的维生素和化妆品，以及运动休闲类的高尔夫球棒、自行车或者花园设计。现在，甚至那些曾经信奉一种产品适用于所有业务的公司也都开始实行定制化服务。美国捷蓝航空公司（JetBlue Airways）就是一个很好的例子。

1999年，当捷蓝航空公司首次推出低价航线时，它们承诺为每个人提供更好、更人性化的飞行体验。一个关键的区别就是捷蓝航空通常没有经济舱、商务舱和头等舱之分，它们的座位都大致相同，因此能提供比其他航空公司更大的空间。每个乘坐捷蓝航空公司飞机的人实际上都是坐经济舱。这是一个经典的空中旅行大众市场的想法，在某种程度上，也是一种怀旧复古的方式，想要刻意地创造当年那种令人羡艳和激动人心的飞行气氛，相比之下现在航空公司对待乘客，尤其是经济舱的乘客，就像对待动物一样。

但是，如果不细分客户，捷蓝航空公司就会损失大量消费者剩余。它们会错失那些愿意多付钱从而享受机舱前部更好的座位、更周到的服务、更大空间的客户。因此，2008年，捷蓝航空公司开始让客户选择付更多的钱以获得额外的伸腿空间。同时，它还引入了其他一些可选服务，如付15美元可托运第二个行李。当时捷蓝航空公司计算过，这样一年的收入会增加6 000万美元。让客户选购更大的伸腿空间，可以增加4 000万美元收入；托运行李费用则带来2 000万美元收入。接着，从2014年起，捷蓝航空公司推出了它的新式座位 Mint seat。这是一些好位置，位于跨洲航班的机舱前部，比起普通的经济座位或扩展伸腿空间的座位更贵。一个新式座位给予乘客一张能完全放平的座位、更新鲜的食物、优先办理登机手续和登机以及更快的行李认领。换句话说，这种新式座位本质上和其他航空公司提供的优质舱位是一样的。

尽管捷蓝航空公司在大约 15 年前以标准产品起家，但它们最后还是开始了细分市场。公平地说，捷蓝航空公司只是效仿了其他航空公司的做法。例如，最近几年出现的优质经济舱座位，这把经济舱细分为两个市场，为巴掌大的额外伸腿空间要价更多。利用在线预订，航空公司可以进一步细分它们的客户。通过给予乘客更多的选择，如座位的大小、托运的行李数量、娱乐方式、不同的食物选择、不同的航线、换乘次数和其他种种便利及服务，航空公司为它们的每一个客户创造了独一无二的产品。回想当年同一架飞机上的标准化服务，对比现在眼花缭乱的个性化选择，真是让人感慨万千。当然这也意味着航空公司对每个乘客收取的费用也是不同的。定制正或多或少地发生在各个经济领域里。一些公司让客户有机会创造独一无二的产品。比如男士西装在线定制网站 Indochino。它们向你展示如何量尺寸并承诺只要 10 分钟就可以完成，然后你可以选择风格、面料和所有其他小细节来定制一套西装，四个星期后送货上门。其他像 Land's End 这样的公司会提供更小型的定制，如包上的压花字或背包上的名字。一家小服装生产商 Wild Thing 让客户在三种不同类型的外套、颜色和面料之间选择，同时给一点口袋和帽子风格的自由酌处权。食品公司也一直在提供个性化产品。茶叶生产商 Adagio 允许客户在许多不同类型的散装茶叶中选择，创造出他们自己独特的组合。另一种定制是允许客户将不同的标准产品进行组合或捆绑，产生独一无二的礼包。

2013 年，贝恩管理咨询公司（Bain & Company）的调查发现消费者愿意为定制产品多花点钱。贝恩公司的合伙人伊丽莎白·斯波尔丁（Elizabeth Spaulding）和克里斯托弗·佩里（Christopher Perry）简要地写道："我们发现消费者愿意为定制产品比标准产品多付 20%，事实上，许多公司正在成功地对优质客户提高价格。"像麦肯锡和贝恩这样的公司对大规模定制那样兴奋

第二部分
当下：公司利用数据做了什么

的原因是，对公司来说，它带来高利润。在文章中，他们进一步引用了布克兄弟（Brooks Brothers）全渠道营销市场执行副总裁肯·塞福（Ken Seiff）的话："一般来说，购买定制产品的消费者是更满意和更有价值的。通过网络自动化定制，公司能更容易地将市场细分到每块市场只有一个消费者。在五年内，这将成为消费者所期望的。"塞福的评论是发人深省的，强调定制的更高盈利能力，指出我们正在前进的方向是细分市场到每一个单独的消费者。同时，它显示了趋势的必然性。大规模定制会继续存在，而且会越来越高效。

大规模定制不是个全新的想法。至少在过去的二十多年，管理咨询专家已经指明了这个巨大的个性化产品和服务的商业机会。当消费者和公司已经热衷于这个想法时，技术却拖起了后腿。如今，这种情况已经改变了，许多新技术正在飞速赶上横扫各行各业的大规模定制的能力。在没有新技术的情况下，实施大规模定制具有很大挑战性和局限性，但是一系列的技术发展使产品的大规模定制逐渐变为现实。20 世纪 90 年代，以汽车工业为引导的制造商转移到即时库存、精益生产的模式。丰田汽车公司事实上就是精益生产和柔性生产的先锋，通用汽车公司和福特汽车公司最终跟随丰田汽车公司，继而影响到像美国卡特彼勒公司（Caterpillar）和电脑制造商戴尔这样的其他行业的公司。没有灵活的生产系统，定制会很昂贵。它只需要制造商通过对生产流程进行小小的改进以能够在各种模型和类型中随时进行切换，用来帮助公司管理供应链的软件也使得定制生产流程更具预测性。2014 年，麦肯锡公司的一份研究文章的主题提道："广泛的、有盈利的大规模定制的时代也许最终到来了，新兴技术或技术改进带来的结果能帮助企业排除经济障碍，用更精确的方式来响应消费者真正的需求。"

能让大规模定制成为可能最重要的新技术也许非 3D 打印莫属。试想一下，工业机器人能完成焊接、喷漆、组装、拣选和精确地把物料放在一起的情形。3D 打印利用金属、陶瓷、纤维和食用材料如巧克力制造 3D 物品。它的工作原理是首先进行产品的 3D 数字化设计，然后把该设计输入一个建模程序，该程序通过设计把产品切割成成百上千的薄片。当 3D 打印机开始打印时，它复制每一个薄片，形成一个 3D 的产品。这项技术在 20 世纪 80 年代被开发出来，但是多用于制作产品的原型。现在，大多数行业正在把3D打印引入到它们的生产过程，其中包括汽车行业、航空行业、牙科、医疗甚至食品行业。有些产品利用3D打印进行制作，如自行车、汽车、服装、首饰、家具和家居装饰品。

2014年9月，在伦敦的一个3D打印展览上，斯特拉卡车队（Strakka Racing）为一辆零部件由3D打印而成的新车揭幕。当时，斯特拉卡车队的工程师丹·沃斯利（Dan Walmsley）跟记者谈道："利用3D打印快速做出原型，这并不少见，它能有助于形成一个非常短的开发周期。但是我们已经进入到一个新阶段，能够实际生产出赛车的零部件，这是一个相当新的发展方向，我们要面朝着此方向前进。我们发现，材料性质最近有了新进展，它们有足够的刚度和强度，也足够轻巧来形成一辆赛车所需要的全部部件。"另一个例子是Shapeways，这是一家总部位于纽约的公司，利用3D打印为客户定制家用产品、首饰、游戏用具和其他产品。消费者可以通过选择基本形状、金属种类、设计和雕刻，在线制作出他们自己的戒指。要定制一只花瓶，只需要提交一份有图案的文件，然后用3D打印机打印，几天后就能送到客户那里。根据麦肯锡公司的说法，"这项技术的进步意味着接受它的主要制约因素将是企业家和行业领袖们如何来利用它的创造性。由于可以改变思维方式，我们期望有更多的创新概念和过程不断涌现，以更快地加速符合成本效益的定制产品的生产。"专家们预测3D打印会将大规模定制推广到整个制造业，特别是在它变得越来越便宜和越来越精细的时候。2013年《纽约时报》的一篇文章提到，在2011年到2013年这两年里，3D打印机的价格已经大幅下降，从2万美元直降到1000美元左右。

还有其他技术正在帮助推广大规模定制。麦肯锡公司在一篇文章中提道："推荐引擎正在进入定制空间，帮助消费者配置产品。"Chocri是一家德国巧克力制造商，他们让消费者在线创造属于自己的巧克力。最近，他们把业务扩展到美国。消费者从四种不同的基本巧克力和一百种不同的浇头中选择，以创造出他们自己特有的巧克力。这个网站真正的天才之处是利用推荐引擎帮助消费者确定他们选择的浇头是否能真正做出了美味还是不好吃的的组合。

第二部分
当下：公司利用数据做了什么

"推荐是根据在网站的用户中流行的选择上做出的，并且公司做了口味上的修改。因此，在消费者订购他们从未尝试过的产品时，减少了要承受的风险。从人们配置他们自己的巧克力到实际在线订购，Chocri 估计它的推荐引擎已经提升了 30% 多的转化率。"麦肯锡公司的文章这样写道。网站知道你的情况越多，它就能越多地为你量身定做和进行推荐。当我们在购物时，我们不是喜欢有一位乐于助人又细心的店员吗？相比我们刚刚走进的街边商店，这个网站会知道我们更多的情况。

定制的不利之处

定制正在把世界的每个角落都变得仿佛是为了消费者而存在。无论是线上、线下、广告、产品还是服务，都在为我们量身定做。那么，这会产生什么影响呢？对于尝鲜者，定制应该让消费者获得好处，不是吗？毕竟，它意味着我们每一个人都能买到完全合适的一双鞋子或一条牛仔裤。定制本身对消费者没有坏处，它意味着有更多的选择和以我们负担得起的价格获得真正想要的东西。在消费市场上，那是一个非常棒的进步。例如，谁能想象得到曾经只有极少数人能消费得起的定制西装现在对中产阶级来说也并非遥不可及了呢？因此，定制可以给消费者带来很多好处，问题是同时也有不利的一面。

定制也许能让你得到你想要的产品，但是如果你厌倦了或需要钱的时候，你就没法轻易地卖掉它。如果有一双特别为你定做的鞋，要卖给一个跟你一模一样的人，是不容易找到的，最终，你应该决定是否真的需要这双鞋。谁会想买为你定做的鞋？这是不可能的，但是越多的产品定制，二手交易就会受到越多的限制。在房产交易上，你能够看到这个原则。墙壁、地毯和浴室的颜色越独特，房子就越难卖掉。因此，不动产中介经常鼓励买家全部采用中性的色彩以卖个好价钱。

再有就是价格的透明度。对于定制的产品和服务，你无法了解你是否拿到了一个公平的价格。你所看到的是你要为一个独一无二的产品支付的价格。当每一件产品都是独一无二时，你如何比较价格？定制是大众市场蓄意被毁灭的部分原因。定制让一切都不同，也没什么可比性。一旦不能比较，你就不能确定你付出的价格是否公平。

个性化广告在淡化价格上也起了作用。一旦谷歌公司卖出了广告，它就成了一个联结买家和卖家的中间人，并为此收费。在这个角色上，它已经替代了老派的中间人——报纸。报纸曾有它们自己的平衡操作，试图在广告客户、报纸厂家和读者之间找到平衡。报纸曾是非常赚钱和重要的，但是在金融和研究能力上，谷歌公司要强大许多倍。例如，谷歌公司所推动的个性化广告业务与报纸上的大众广告有着非常不同的效果。当《纽约时报》的读者看到标价 1 万美元的萧邦钻石广告时，就好像在看股票市场的报价一样。假设那个读者了解这是高端钻石市场，那么他是否想买是另一回事，至少他有了一点数据供下次参考。同样的道理，如果《纽约时报》的广告页上登着梅西百货的床单套是 89.99 美元，萨克斯第五大道精品百货店最新到货的裙子标价 499 美元，那它们就会是这个价格。但投给单独一个谷歌用户的微型广告不带有同样的市场信息，你看到了价格，但是不知道和其他地方的是否相同。因此，微型市场广告或定制广告是和以往的大众市场广告在两方面有所不同。首先，你会得到一个为你量身定做的对待。其次，你得不到任何有关他人支付多少的信息。

大规模定制不仅让市场价格变得更不透明，也把我们的注意力从价格上移开，而更多地关注我们的需要。思考一下个性化广告是如何工作的。与传统的去商店询问有哪些商品、价格如何正好相反，商家会主动问消费者需要什么。只有问过消费者需要什么，才能进行个性化。因此，不是消费者主动询问有什么商品，价格怎样，而是消费者被询问想要什么。一旦交易是根据你的需求而不是价格来完成，卖家可以要价更高。因此，在关注消费者基础上的大规模定制已经从价格转向了需求。同时，当你想要什么的时候，你更有可能付得更多。这是像麦肯锡这样的公司相信大规模定制对公司来讲是很赚钱的部分原因。它改变了模式，从消费者询问你有什么样的货物和价格转

第二部分
当下：公司利用数据做了什么

变到消费者透露他们想要的产品和他们愿意支付的价格。

价格也是一个我们需要考虑的重要因素，它可能会影响甚至有时改变我们的需求。当你发现一辆带着定制的花哨玩意儿的新奥迪车要 8 万美元，远远超过你愿意支付的价格，它也许会改变你想要一辆新奥迪车的主意。也许，你宁愿花三分之一的价钱买一辆里程数小的二手奥迪车。但是，如果没有人以三分之一的原价卖给你一辆二手奥迪车，那么你会不得不买要价更高的新奥迪车或者换成另一个你不怎么喜欢的牌子。

当一切都为你量身定做，无论是搜索引擎、网站、产品还是服务，你就看不到在市场上真正有些什么。你看到的只是那些你能获得的产品。在大众市场模式下，你不需要透露什么，就能够有种类繁多的选择，并且你知道你看到的真实价格和其他人在看的一样。价格都标得明明白白。但是，那个模式正在消失。会员卡、折扣、俱乐部会员都是淡化价格的方式。

更重要的是，当提供给我们的产品和服务都是量身定做时，这看起来很像是一件好事。但实际上，我们放弃了一些自主裁决权。自从我们的需求和展示给我们的产品有了联系后，任何一个展示产品的人都处于强势地位，因为事实上，他们可以告诉我们什么是我们想要的。当他们比我们自己更了解我们时，这一点就尤为明显。

当你走入商店，你先看到货架上的一切，然后才决定买什么。当你搜索球拍，却只看到高端球拍，你是否真的有了更多的选择呢？就像帕里泽的过滤气泡想法，个性化的搜索引擎会让用户变笨而不是更聪明，难道对于消费者来说不也是这样吗？不是有更多的选择，而是最终我们得到的选择更少。因为谷歌公司追求效益，当他们知道我们买得起昂贵的品牌，那为什么要把一系列网球拍显示给我们看？网球拍是事物发展过程中微不足道的东西，但是如果把我们搜索的一切减少到谷歌所猜测我们喜欢的产品和服务，难道不是剥夺了我们的选择能力？我们难道不想拥有看到全部商品然后来做决定的自由？因此，这是对个性化搜索的巨大讽刺，它连同它的一切实际上都是在限制而不是扩大我们在市场上的选择。不再是走进商店看看有什么东西以及它们的价格如何，你的网上体验说穿了就是走进商店，被问到你想花多少钱。一旦你告诉店主你想花的数目，那么你只能看到那些在这个价格范围里的商品。

把消费者分成量身定做的细分市场也会加剧社会和政治分歧。如果你只能看到和购买 8 美元的可口可乐，而我只能看到和购买 1 美元的，那我们就不是生活在同一个世界里。更糟糕的是，细分市场对低价产品和服务的质量有负面的影响。卖家没有动力提供质优价廉的商品和服务。它们希望尽可能多的人加大消费力度，为更高等级的商品和服务付费。别忘了航空公司在这方面的所作所为。如今，大多数航空公司让乘坐经济舱飞行尽可能地变成一种痛苦的经历，这样那些付得起钱的人将会乘坐优质经济舱或商务舱。

大规模定制也会影响知识鸿沟。个性化意味着要了解更多关于你的情况。你告诉卖家越多，它们就越了解你。因此，个性化让知识差距越来越大，这样你和卖方之间的权利就会失衡。谷歌把它们的搜索定制描述为让它的用户更简单地获得他们想要的东西。但是定制允许公司在相同的产品或服务上对每一样小小的变化都收取不同的费用。当为我们定制产品时，我们认为我们正在获得和我们想要的完全一样的东西，但是在这过程中，它们实际上正在了解我们愿意支付的最高价格。

定制是市场的一个根本性转变，从以前有很多买家和很多卖家变成如今只有一个买家和一个卖家。是时候起来反抗花旗银行、通用汽车公司以及亚马逊的财力和对于你以及你的市场的了解了。不再有标准价格，那意味着只有为你量身定做的价格和商品。要知道当大家都变成原子化的消费者，每一次都在和一家强大的公司交易，自由市场将不复存在。

卖家对你了解越多，越能做出更细微的差别，最终，它们就能更准确地根据他们期望你能付得起的最高价格来设定个性化的价格。因此，网站定制导致一个发展方向：让公司压榨尽可能多的消费者剩余。也许有些消费者从

第二部分
当下：公司利用数据做了什么

获得自己想要的东西的形式中能得到一些回报。但是你怎么知道，你真正获得的是你想要的还是卖家想让你买的？控制你的购买习惯的潜力是巨大的。

价格歧视和大规模定制正在重塑我们的经济。但是企业用来压榨消费者剩余的方法还不只这些。价格歧视和大规模定制是主要的方法，正在被广泛使用，但是企业还有很多其他方法来一点点蚕食消费者剩余。结合所有这些方法，企业正以不可阻挡的势头大规模地压榨我们的财富。

ALL YOU CAN PAY

第 6 章
无处不在的协议条款

当我们使用一个数据相关的技术时，我们往往会被要求先同意一些条款，这些条款复杂且字体细小，很少有人真正去阅读这些条款的具体内容，但等到真的出了问题时，企业就会拿着放大镜向你解释这些条款。企业一直在不断更新这些条款，而消费者却往往不知道这些改动的背后意味着什么。

当你正在读梅奥医院（Mayo Clinic）网站上一篇有关健康和保健的文章时，文章旁边的悬浮窗吸引了你的目光，它显示"据《纽约时报》畅销书介绍，按照梅奥医院的食谱，在两周内可减掉 6 到 10 磅"。这激起你的好奇心。毕竟，你一直想着减去个 10 磅，但似乎没有效果。倘若有人能给出好的节食建议，那应该就是梅奥医院了，它毕竟是世界领先的医疗机构之一。

于是，你点击了这个悬浮窗。管它呢，没什么坏处，说不定你还能学点有用的东西。接着，你停在了一个页面上，在那里，你能得到"免费饮食文档"。大大的字母铺满了整个屏幕，保证"这是你需要的最后一次节食"。你要做的只是填上你的年龄、体重、身高和回答一些问题。尽管你知道销售节食食谱就像在卖蛇油，但是，这是梅奥医院，肯定没问题。它在美国绝对是医院和医疗中心的标杆。关于梅奥医院这一品牌的一切都与对人们的照顾有关，

第二部分
当下：公司利用数据做了什么

但凡任何人有一个节食方案，而没有被敲竹杠，那一定是梅奥医院。

　　出于对梅奥医院强烈道德感的信任，你输入了自己的个人信息，并点击进入了这个提示。在你能继续往下走之前，出现了一系列问题。你曾经一边吃饭一边看电视吗？你认为一份通心粉该多大？像冰球大小？像网球大小？还是像垒球大小？你减肥的最大动机是什么？家庭？健康？一次即将到来的聚会？想看上去更棒？你有多积极向上？你参加哪些活动？现在什么是你减肥的最大阻力？现在你对哪些健康话题感兴趣？于是，根据你的回答，梅奥医院推荐了它们制作的各种各样的简报，你可以通过电子邮件接收这些简报。为了继续下去，在你能够创建你的"免费饮食文档"前，你不得不注册接收简报。

　　于是，你注册并接收了一两份简报。反正是完全免费的。接着，你点击窗口建立自己的的饮食文档。如果你希望找到一些答案，那么恐怕你会很失望。更多的市场营销材料出现了，都是关于你能够从梅奥医院的饮食文档中学到些什么。有这么5个要点：改掉坏习惯；调整食物配比来减肥；观察和感觉最好的自己；克服情绪化进食；从梅奥医院的专家那里获得支持。也许，所有这些都是正确的，却不是你所期望的。你以为会得到一些关于如何减肥的特殊意见。那么，饮食文档到底是什么意思？它语焉不详，但足以由此推出很多不同的东西。暂时不用担心，页面底部一个橘黄色的按钮写着"开始减肥"。你现在所要做的，就是点击这个按钮。

　　点击后，它带你来到一个新的页面。在那里，你需要设立一个账号并且提供信用卡信息，这样你就能从今天开始减肥。"现在加入，赢取头7天免费"，以及用小号字体打印的"之后，只要每星期4美元"。哎呀，你没料到要付费。但是，你总是可以试用7天，然后注销账号，对吧？你也许会获得一些有关减肥非常好的主意，然后你就真的永远不需要节食了。你输入电子邮件和信用卡信息。在页面的底部有一个大大的红色按钮"立即注册"。就在按钮上方有用小字体标注的一句话"注册意味着你同意服务条款和收费政策"。并且，为了向你保证它们会认真对待你的隐私，有一个挂锁图片，并在其旁边写着

谁动了你的数据
ALL YOU CAN PAY

"Comodo Secure"[①]。

如果读了条款，你也许会在注册前再考虑一下。但是，谁有时间和耐心去读那些条款？那里面大部分是法律术语。但事实上，这些附加条款才是真正有料的信息，它将说明这里包括哪些东西、不包括哪些东西。但有意思的是，即使你读了这些条款之后，你也不能肯定你会得到什么东西。唯一能搞明白这些的办法就是注册。网站实际上没有作任何承诺。它只是简单地提到一个个节食计划，但你到底得到了什么？需不需要任何额外的花费？它不会讲。在一个侧边栏里有很多诱人的内容："获得你减肥所需要的所有工具：个性化饮食方案、100 个方便美味的菜谱、简单分量控制指南、激励技巧、健康习惯跟踪、饮食和健身日志、维他命和营养记录、个性化的锻炼、练习指南和录像、健走和跑步指南。"哇！那么多东西，看上去像是只要注册，这些东西就能够获得。但是它们永远不会明确地说你是否能得到练习指南和录像而不需要额外费用？很难想象会有这样不公平的事，但它确实就是这么写来诱惑你相信它的。最关键的是，除非你把信用卡信息给梅奥医院，不然你是不可能知道的。

读了条款后，有一点倒是会变得清晰，那就是你要支付的可能比你想象的要多。仔细看看梅奥医院用小字体写的关于梅奥医院节食的内容："梅奥医院节食的在线项目有 7 天免费期！在免费试用期内，你不被收取费用。但是，你需要提供有效的支付信息。如果你喜欢你的在线会员资格，不用做其他操作。你的服务会不间断持续下去，你将会被注册为我们的标准会员。在线会员价只要 4 美元 / 周，按季度（每 13 个星期）提前收取。费用将从你注册时提供的账号中扣取。在免费期结束前，你可以免费取消，或者在免费期结束之后的任何时候取消，同时你可以继续用你的账号来使用剩下的时间。"

首先，不要忘了，这是一个历时两周的计划。因此，任何在 7 天内结束该计划的决定都将极有可能不会给出你所寻求的结果。其次，如何取消服务？

---

① 科摩多（Comodo）是一个认证机构，它是第二大商业核准证书的颁发者。——译者注

第二部分
当下：公司利用数据做了什么

没有任何关于如何取消服务的内容。如今，这并非不常见。网站能令客户取消协议很困难，但签约相当容易。甚至有些很极端，你不得不首先找到一个电话号码，然而不知何故，这个号码在网站上是看不到的。接着，在接线员接听你的电话前，你要等待很长时间。随后，你会被问到为什么要结束和它们的关系。这不像梅奥医院用附加条款提供取消的方式。它可以简单地说："你可以通过给这个电子邮箱发一封邮件或打这个号码的方式来取消合约。"如果梅奥医院真是很认真地要告诉你一个有效的减肥食谱，它们为什么不让你先注册7天再说，然后再付费？如果你喜欢，怎会不付钱？但是，从另一方面讲，如果你注册了，没有什么深刻的感受，你很可能忘记取消。那样，你的免费试用就完全不是免费的了。

即使那些喜欢这个产品的消费者也许支出比他们认为的更多，用得更少。广告价格是每周4美元。但是消费者一次要付13周的费用，总共是52美元。你买了13周的"计划"，但压根不明白它是什么。没有有效的解释来说明你花钱会得到什么，或者在那个"免费"期你能得到什么。你得全额付款，并且如果在这13周内取消它，你拿不回你的钱。无论怎样，你不得不持续使用这项令你不开心的、想要取消的服务，直到这13周结束。

那些字体更小的条款又如何呢？服务条款和隐私政策要你在一大堆法律问题上点击和上下移动。作为一家医院，梅奥医院不能随便把你的健康信息给第三方。但是，作为网站服务，它能够把从你那里收集的资料给任何人。看看服务条款。原来是这样，你同意付款和拥有有限的权利，但如果它们想改变，随时能变动条款。再看看隐私条款。就共享你的信息而言，网站提到它可以因为法律原因将个人信息透露给与网站合作的代理商、承包商和企业。

我们也许把你的个人信息提供给代表我们或帮助我们经营业务、网站和服务的服务供应商。这样的服务供应商的例子包括供应商和提供技术、服务，或者内容用于发送邮件、分析数据、研究、提供广告和营销帮助、处理付款（包括信用卡支付）和提供客户服务的供应商。提供给这些服务供应商接触的个人信息的途径仅限于执行其受限功能，并在合理必要的范围内使用。

"合理必要"到底是什么意思！网站能和许多不同的企业分享信息。但是，更大的问题是它们所谓的"匿名信息"。对共享匿名信息没有任何限制。个人信息和匿名信息的区别很简单，就是如果某信息不能合理地绑定回个人，那就是匿名信息。这是一个巨大的漏洞。企业藏匿在你的浏览器上的网站跟踪器不能识别你。它们是识别你的浏览器。因此，网站可以拿到绝大多数敏感和隐私信息，连同网站跟踪器数据卖给第三方。在网上，没人需要知道你的名字。你以带着网络跟踪器的浏览者的身份出现在网上。只要它们需要，企业就能使用你的个人信息，通过网站跟踪器链接到你的计算机上。

另一件要警惕的事是不再有什么匿名信息。在再识别技术的帮助下，大量的在线数据都可以追溯到具体个人。如果这还不够，网站可以随时改变它的条款和做法并立即生效，而不需要事先通知你。

我们保留随时更改、修改、增加或删除部分本条款的权利，无须事先通知，同时任何改动一经在网上公布立即生效，除非我们另行通知你。在本条款被修改后，你继续使用本网站或服务被视为你继续接受条款的限制性规定。我们鼓励你给本页建立书签并定期检查本条款。

最后，网站有帮助地建议你花时间来留意它们用户条款的任何变动也许对你很重要。但这是一个荒谬的建议。罕有用户足够仔细地阅读条款并找到它们定期回顾。看在老天的份上，这只是一个减肥建议网站！任何一个在减肥网站上仔细留意条款并担心有变化的人一定不需要一份减肥建议。很明显，所有的条款信息都是由律师准备的，用来保护网站的。如果从签字双方都明白他们正在同意的内容这个意义上讲，它不是一个真正的合同。这是一个片面的协议，特别是消费者甚至还没读过的情况下。只有如果以后出了问题，它才会被参考一下，网站就会把条款摆出来，作为第一条防线，声称消费者同意它们的条款，应该自己负全责。

退一步来看看网站究竟做了什么。它创建了一张有价值的表，表上有那些想减肥人士的名字和电子信箱地址。就算网站不把这张表卖给第三方，它

第二部分
当下：公司利用数据做了什么

也有了将来可以销售减肥产品和服务对象的丰富资源。如果它不想交出这张表，它可以在想推销减肥产品的企业和潜在的有价值客户之间做个像信使一样提供服务的中间人。不需要分享你的信息，因为那是不必要的。同时，通过使用附加条款，它掩盖了它正在售卖的产品到底是什么及其售价。这使得比起用一份真正免费的样品或直接标明真实价格来销售，网站有可能从那些对减肥感兴趣的人士那里赚取更多的钱。如果你是梅奥医院的病人，那你的个人信息是被明令禁止和他人分享的，但是实质上没有什么能阻止网站将来使用所有的信息来诱惑你或从事商业交易，包括以第三方身份参与的交易。什么也阻止不了网站以任何方式为它自身的目的来使用你的信息。

不是只有梅奥医院授权的网站使用条款来遮盖它的踪迹。如今，这已经是标准的商业操作。无论做什么、去哪里、买什么东西，消费者面对的是包含大量法律术语的条款。人们没理由把它们都读上一遍，事实上，也没有可能这么做。

例如，仔细看下客户忠诚度计划，那里有丰富的条款。加入它们很容易，也有利于它们收集数据。但是期望的好处很难拿到。因为通常广告上提到这些项目的好处都讲得不清楚。比如，CVS 额外关怀奖励计划做广告时说"优惠券即时省钱"，但这优惠也有例外："有一些限制。出示额外关怀卡以获得这些省钱的优惠券。优惠券必须完全用于购买特定商品。不包括处方药、酒精、礼物卡、彩票、汇票、邮票、预付卡和烟草产品。不返还现金。需要时，按原价缴税。"对于你的 CVS 额外关怀奖励计划，你被承诺能从日常消费中得到 2% 的回馈，"不包括酒精、礼物卡、彩票、汇票、处方药、邮票、预付卡、烟草产品或其他有政府计划控制的产品。客户必须在 45 天派送期内购物以获得 2% 的回馈和额外现金时效奖励，奖励下调至最接近的 0.5 美元。没有在符合条件的购物行为中消费达 25 美元或者在积分期间没有达到最少 0.5 美元的额外现金时效奖励的会员将不会受到奖励，同时也不能将奖励结转。"但是这还不包括某些州和政府计划等类似的东西。祝你好运，能搞清楚你是否真的能享受这些好处。这安排看上去设计得很透明，暗示你将会获得特别的待遇，但事实是尽可能少地提供给你。在业务方面，企业一定是试图最大化利益收获，最小化实际成本。

条款是一个榨取消费者剩余的有用工具。所有法律语言模糊价格和消费者实际得到的产品本身。它的目的是有利于卖方，卖方有一个关键的优势。举个例子，假如你销售肥皂给很多消费者，雇一个律师来写合同是有道理的，那会给你很多好处。另一方面，如果你从上百个卖家那里买上百种产品，走那些法律程序是完全没有道理的。消费者被要求签卖家已经写好的"合同"，他们甚至还没读过，更谈不上理解和认同了。消费者总是在太迟了的时候才明白附加细则写的是什么。当他们抱怨或要求某样他们认为应该得到的东西，而卖家说不的时候，附加细则就现身了，卖家指出那是在客户协议中的规定。

扩散这些条款是另一种显著的手段。为了欺骗消费者，它是一个什么都能装的容器。假如你认为企业不会利用它们所拥有的并不断增长关于你的知识来要高价，那么仔细再想想。在企业大大小小的手段中，它们已经在利用你的信任。随着越来越复杂数据的提取和分析，企业的剥削只会变得更容易、更便宜、更普及。

支票游戏

我们来看看企业通过扩散条款来利用信任的所有手段。拿那些很多人自以为相当熟悉的基本支票账户为例子。如今，美国有大约1亿支票账户。如果没有支票账户，那就很难进行很多简单的交易。过去，支票账户是相当标准和简单的产品。现在，它们在规则和费用之间存在很大的差别，复杂得就好像一个迷局。因此，根据2014年由WalletHub[①]进行的支票账户费用调查来看，事实上一个基本账户的典型年费的范围在免费到700多美元之间。WalletHub在调查报告中说："对这样一个无处不在的金融产品来说，人们期望信息披露和费用标准是一致的。不幸的是，事实正相反，消费者

---

① 一个消费者财务信息和社交网络网站。——译者注

第二部分
当下：公司利用数据做了什么

所面临的信息披露和收费方式就会像拓荒前的美国西部一样。"

把简单的产品搞得更复杂只是企业能榨取更多消费者剩余的一种手段。复杂掩盖了真实的价格和产品或服务的性质。WalletHub发现有30种不同的费用和支票账户有关。对于想了解真实价格的人和比价购物店来说，这可不是一个好局面。WalletHub在关于支票账户透明度的报告中这样写道："和支票账户有关的各种不同费用数量之多，阻碍了有效的产品比较，降低了消费者找到最符合他们需求的支票账户的可能性。"为了尝试比较，WalletHub在美国25家主要银行里用了5种不同的客户资料开立账户以测量不同的费用。其中一个客户属于"现金拮据型客户"，这个支票账户的年费有低至2.83美元的第一资本银行（Capital One）360支票账户，也有年费高达735美元的M&T银行免费支票账户（请注意：免费支票！）。WalletHub明确现金拮据是指客户每年提现12次，每个月使用网络之外的ATM一次，平均每月账户结余是50美元。这两个账户之间透支的收费差别很大。第一资本银行账户不对透支收取固定的费用，如典型的行业收费那样，它们对客户的透支额收取11.25%的年息。另一个不同之处是第一资本银行不对使用其他银行的ATM收费。这个实验其实是为了通过比较支票账户的成本来进行分析并揭露出更多信息。但一个普通客户怎么可能做到这些呢？难道没有更多有利于我们消费者的信息吗？事实不该朝着那个方向发展。

对于支票账户，一个普遍的规则是账户内的余额越少，账户的持有者需要向银行缴纳的费用越多。最大的费用发生在那些偶尔透支的客户身上，然而令人惊讶的是这个普遍做法却发生在那些不太富裕的客户中。如果客户一个月透支一次，那么支票账户的平均年费是499.02美元。根据WalletHub的调查，在此范围的另一端，那些每月账户余额保持在5000美元之上的，只使用开户行网络内ATM机的客户，平均年费是17.85美元。对于银行来说，所有那些费用加起来就是个大数目。2013年的一份分析报告指出，银行业每年从透支费中赚取大概320亿美元，从ATM的提现费中赚取大约80亿美元。2014年7月的一次研究中，消费者金融保护局（Consumer Financial Protection Bureau）发现透支费用和与账户余额不足有关的费用占了所有客户承担的支票账户费用的大部分。它还发现与透支费有关的交易通常是小额的，例如借记卡交易，典型的透支额在 24 美元左右，并在一个月内还给了银行。由于典型的透支收费超过 30 美元，银行在那些入不敷出的客户身上赚取了不当利润。

同时，支票账户的收费一直在涨。2014 年 9 月，Bankrate 对 ATM 和透支费用的调查显示两项费用均在历史高位。使用网络外 ATM 的费用在过去一年里上涨了 5%，在过去的 5 年里上涨了 23%。现在每笔交易费用为 4.35 美元。平均透支收费创下了连续 16 年来的新纪录，高达 32.74 美元。免费的支票账户正在消失，只有 38% 的无利息支票账户完全没有维持费用，比起 5 年前的 76% 下降了不少。

对于支票账户的例子，首先注意到的是透支费用的盛行意味着一些客户不明白这个产品到底收费多少，除非他们使用了这个产品。即使是面对第一资本银行这样更合理的收费结构，你也不能讲清楚最终的费用是多少，除非你事先知道你会透支多少，透支多长时间。这是已经被许多消费企业纳入罚款定价策略的一部分。想想你的移动电话。通常，你每月支付一定的费用，但是如果你超过了额度，就会被罚款。开车也一样，如果你租车而不是买下车，要是在租用期结束时行驶路程超过限制，你要付罚款。讲太多话、开车太多或者花钱太多如今都是家常便饭。这意味着在很多方面，消费者真的不知道他们所选择使用的产品的价格，当知道时为时已晚。

还有一点要注意的是，所有那些费用和与支票账户有关的收费可能随时会变。银行能按照它们的意愿在它们决定了的任何时候更改账户协议。当然，它们必须披露费用变化，但是它们可以通过发送一封看上去像许多其他垃圾信件一样的信件来完成披露。目前，第一资本银行看上去做得最好。客户也许会蜂拥而去开个第一资本银行支票账户，因为使用网络外的 ATM 提现没有任何费用。但是一段时间后，第一资本银行也可以改变主意，开始收取和其他银行一样或者更高的费用。

最后要注意的一点是，金融行业是绝对不会为让弱势的客户支付高额的

第二部分
当下：公司利用数据做了什么

服务费而感到脸红的。一句听上去有些道理的实话是"你拥有的钱越少，为银行服务支付的费用越高。假如你真的不需要贷款，银行会使出浑身解数提供信贷"。但是客户需要住房贷款或信用卡贷款越多，银行收取的利率也就越高。当然，银行从来不把这个放入条款中。它们谈的是为什么生活拮据的人比起富人来，却是风险更高的借款人。当然，它们这样说有一定的道理，但是银行通过财富水平的高低细分市场，以便向预算最紧张的人收取最高费用的做法却有悖常理。当这种情况大规模发生时，其过程可能是适得其反的。在金融危机期间，当银行怀疑雷曼兄弟（Lehman Brothers）有麻烦时，它们会要求雷曼兄弟支付更高的费用来做交易，这使问题变得更糟。同样的事也会发生在许多美国消费者身上，一旦银行收紧信贷，结果导致其他急剧收缩，这一恶性循环导致了进一步的信贷收紧。

银行知道很多客户的财务状况。它们利用这些常识来决定从基本支票账户到房屋贷款等一切服务该收取多少服务费。一旦它们知道你的私人信息，就能让你付出代价。

航空游戏

不可回避的事实是，从 A 点到 B 点的行程是一个典型的商品，但即便如此，航空公司也在想方设法来细分市场以赚取更多的钱。从而使机票价格变化频繁，诸如"豪华经济舱"和"超越头等舱"等新服务层出不穷。然后当然是所有条款都被绑定在机票和忠诚度计划上。

大部分乘客知道有不同等级的航空服务，但很少有人了解有多少不同种类的机票。比如，美国联合航空公司（简称美联航）就有 38 种不同的机票，从顶级没有限制的头等舱到低折扣的经济舱。为了了解这个系统是何等错综复杂，我们不妨这样想一下，美联航给予他们最好的客户那些买无限制头等舱的人不同的待遇，而待遇则取决于航班上是否提供三个等级的服务还是只有两个。如果航班上有三个不同等级的服务，那乘客就会得到更多的常客飞行里程奖励，并享有优先等级。

从不同的票价规则到最新的附加费，无疑把常客飞行计划搞得更复杂了，航空公司已经开发了最终的收费标准，不反映成本但是乘客愿意支付。以改签费为例，从纽约到洛杉矶的任意往返票，达美航空公司的折扣票是378美元。而如果需要改签（实际上只改其中一个）的话，你得付200美元改签费，再加上票价之间的差价，如果有的话。另一方面，你可以买无限制机票。同个航班、同个位子，但是没有改签费，而这个选择仅仅提供2800美元价位的机票。那样的话，你最好买上7张折扣往返票，然后用最适合你时间的那张票！

对于消费者来说，改签费的问题在于没人能肯定他是否希望或必须改变航班。航空公司已经把它的利益放在那里了。用最低票价来诱惑吸引乘客，然后对那些不走运的、倒霉的少数人收取高额的费用。

为什么乘客不能把机票卖回给航空公司或是在 eBay 上出售？这除了是为了给那些不能使用折扣票的不幸的人们创造出一个"复杂现状"，这毫无道理可言。转让限制的目的是当乘客发现他们需要更改计划时，航空公司能收取更多费用。简单明了地说，这就是抢夺消费者剩余。如果机票能自由地再次出售，价格差距将会瞬间消失，定价会更透明。按照现在的情况，转让限制会产生苛刻的副作用，让一些不走运的乘客付出巨额罚款，同时造成其他人继续他们本该停止的行程。

每个人都知道机票是在供求关系之上定价的。在旅行高峰季节，如夏季，或者去主要的目的地，如欧洲各国的首都，机票会更贵。因此，如果去罗马的机票比去米兰的机票贵，你会认为对去罗马的航班需求更高或者航班数更少。令人不解的是，虽然你可以付出高昂的代价飞去一个既定的目的地，但是如果你同意继续飞到另一个目的地，那对于同一个航班，价格却低得让人掉眼镜。

以下是2014年对达美航空公司罗马的航班真实调查的结果。晚上10:05从肯尼迪机场起飞到罗马的直达航班往返机票经济舱的价格是1655美元。而

第二部分
当下：公司利用数据做了什么

同一架次的航班，继续飞往米兰的往返机票价格才905美元。达美航空公司一样把乘客送到罗马，但价格低了750美元，只要乘客允诺乘坐另一个航班，航空公司就会承担额外的费用，继续前往米兰。如果去罗马的乘客不介意多花点时间，那么买到米兰的机票，接着买另一张机票从米兰飞回罗马，相比之下会更好，因为费用会远远少于750美元。

当然，自由市场的消费者会简单地买去米兰的机票，在罗马下飞机，然后放弃去米兰的联程机票。甚至更妙的是他们可以把从罗马到米兰的机票卖给需要的人。当然，航空公司是聪明的魔鬼，他们制定他们自己的规则。条款表明如果乘客在罗马下机，不继续飞往米兰，达美航空会取消剩下的航段机票。在航空公司的售票政策上是白纸黑字用小字体标得清清楚楚的。

航空公司通过细分航空旅行市场，对同样的产品收取不同的费用来管理他们的盈利能力。通过采取这种方法，航空公司会根据对直航航班的需求来细分市场。因为航空公司了解大多数人更喜欢到目的地的最短路线，所以它们让消费者为直航的特权而买单。离谱的是，价格。即使明知这样会同时浪费航空公司和乘客的时间及金钱，如果直航航班同时存在的话，那它只是另一种让客户多付费的方法。

当价格明显地变得没有逻辑时，是时候重新审视附加细则了，也要问问为什么机票不能像其他商品那样可以转让或重新出售。航空公司希望你能相信你的安全应放在首位，但是那只是个噱头。虽然改个名字也许需要花些小钱，一到两美元应该足够了，但毕竟，只要不是在起飞前的很短时间里，任何人都可以去买机票，那么为什么转卖机票会不同呢？在航空公司的网站上，应该能非常有效地进行处理。运输安全管理局（The Transportation Security Administration）自己都说没有任何安全问题。根据该机构的说法，扫描乘客的航空安全系统可以马上进行检查。

航空公司严格禁止机票转让的原因是那样做，他们可以赚更多的钱。如果你无法使用你的机票，航空公司就能留下你支付的钱，还能把机上的座位再卖掉。它们也能向起飞前才买票的乘客要高价，并且按它们的意愿来细分市场。同时它们收取改签费也很有利可图。2008年，当捷蓝航空公司把它们的改签费提高到100美元，据说每年增收的大约5000万美元大都是从改签费上得到的。达美航空公司每年从改签费上就能得到7000多万美元的收入。

没有比航空公司限制机票转让更压榨消费者剩余的事了。如果联邦贸易委员会想要出面干预航空公司这种不劳而获的行为，它们完全有能力禁止航空公司这样不公平的政策。禁止机票转让没有法律根据，我们的法律上禁止对转让权有不合理的限制。

到目前为止，像航空公司那样的转让限制还没有出现在消费经济的其他方面。但试想一下，电影院开始把票和每个人的名字联系起来，在允许其他人使用票前收取更改费。或者想象一下，杂货店以5美元的价格出售一盒橙汁，而以4美元的价格出售同样容量的一盒牛奶。那绝对是不会发生的，因为消费者会抢购牛奶，送给朋友，或在eBay上出售。不像机票那样，橙汁和牛奶在售卖上是没有限制的。

但你保证不了事情永远不会改变。互联网的一个好处就是它允许卖家几乎一下子就能建立对各种交易的详细政策，然后按自己的意愿收费。消费者离同意页面和法律条款页面只有一个点击的距离，如果机会来了，那些条款会用来对付他们。到目前为止，美国消费者保护的监管者在这个节点上无所作为，法院似乎不愿意禁止执行这种片面的协议，这的确令人百思不解。就好像片面的用户协议还没有大范围蔓延到现实世界似的。

事实上，它们早已经进入了现实世界中。快速增长的忠诚度计划，带着其所有的条款，以便利的方式让消费者同意卖家写好的条款。想想这个已经走到前头的条款，再看看航空公司的常客飞行里程计划吧。它们被故意搞得很复杂，并难以比较。同时它们在不断地变。2014年早些时候，主要的航空公司如达美航空和联合航空把它们的计划改成奖励消费而不是累积飞行里程。这解决了航空公司自己制造的问题，因为长途飞行没必要意味着更贵。

第二部分
当下：公司利用数据做了什么

事实上，短途飞行可以比长途飞行更贵。对于纽约人来说，飞往洛杉矶比飞往匹兹堡更便宜。同时，如果更远的航班成本更高时，那价格可以不成比例。比如，从纽约向西飞到洛杉矶的航程是4000千米。从纽约向东飞到伦敦的航程大约是5500千米，几乎远了40%，因此去伦敦的航班比去洛杉矶的贵是有道理的。但令人疑惑不解的是，为什么去伦敦的普通航班价格有时是去洛杉矶的航班价格三四倍之多呢？因此航空公司试图奖励那些懂得改变自身的好乘客，你花的钱越多，你得到的信用越多。

但是现在我们有针对常飞乘客高度复杂的系统。譬如，看看澳大利亚澳洲航空公司。为了和其他航空公司竞争，它改变了自己的常客飞行计划。结果出台了120个令人眼花缭乱的积分标准分级，美国咨询公司IdeaWorks是这样报道的："消费者面临的挑战是澳航推出的新方法的艰巨复杂性。"在这个新系统下，澳航分成了15个旅行区域，并结合8个不同的价格目录，产生一个消费者可能赚取常客飞行里程积分的计划。堪称有史以来最复杂的积分系统。谁都无法知道何时能使用积分，何时不能使用？消费者或者乘坐澳航的航班，并期望能得到最好的；或者放弃，选其他的航空公司航班。航空公司开始使用的分层积分兑换目录让消费者无法做出充分知情的选择。兑换积分变得复杂，而且常飞乘客计划还是可以随时改变的。

限制转让只是一种让业务和客户绑在一起，向客户收取更高费用的手段。其他手段还包括入门折扣、自动续订合同、信用卡和银行账户的自动转账、罚款、取消费、附加费、多年合同和繁多的用户协议。移动电话行业使用所有这些战术，甚至还要多。全部预先以条款形式规定好。两年的合同要求消费者选择昂贵的设备、服务和保险配套，超过数据流量限制有罚款和费用，国际漫游服务贵得吓人。

再看下你的移动电话服务商的客户协议，你很快就能知道它们享有所有的权利，而你没有。看一看威瑞森电信公司（Verizon）的客户协议："你不能没有我们的允许而转让本协议或任何你的权利或职责。不管怎样，我们可以转让本协议或你欠我们的债务而无需通知你。"

谁动了你的数据
ALL YOU CAN PAY

那是在威瑞森电信客户协议中典型的一页。威瑞森电信公司在任何时候都能改变条款和价格，但是你不可以不付罚款就更改服务供应商。如果有争议，威瑞森电信公司拥有一切权利，因为它的条款要求客户接受仲裁，而且它劝你放弃集体诉讼的权利。如今，很多企业要求消费者同意这个关键的让步。在实践中，这意味着客户永远不能起诉企业。威瑞森电信这样的公司可以从100万人身上每人敲100美元的竹杠，没人能对此做些什么。这不值得仲裁或上诉到法庭。如果客户们能加入集体诉讼，他们也许能把威瑞森电信公司告上法庭。尽管所有集体诉讼侵权系统效率低下，但还是有真正的好处的。集体诉讼的威胁实际上是限制企业不要出格。但是如果消费者同意仲裁，他们就放弃了他们诉讼的权利。一个仲裁协议听上去有道理，但实际上还是对企业有利。

分级定价是美国移动电话服务中使用附加条款的另一常见骗局。服务供应商会询问你想购买的分钟数和流量总量，并告知你如果超过限制将会产生罚款。谨慎的消费者最终买了比他们实际要用的更多的流量，实际上也就是支付了高于流量广告价格的钱。

与其他国家比较起来，在美国移动电话客户协议中所有的附加条款伎俩加在一起，使移动电话服务价格有着显著的不同。比较一下美国和英国的两个类似的套餐就能轻松发现。在美国，一个来自主要运营商典型的智能手机服务月度费用是109.47美元，与此同时，英国一个类似的服务月度费用是68.12美元。

两个套餐都包含有16G内存相同型号的iPhone，两者都要求签两年的服务合同，通话时间和短消息服务都无限制。三个英国的运营商提供无限制的数据流量，也不要求预付款。加上20%的增值税，英国的套餐每月收费41英镑，按当时的汇率计算是68.12美元。供应商威瑞森电信提供的套餐要求99.99美元的预付款，每个月收费是90美元，这还不包括税。把预付款平均到24个月，加上美国17%的税，月度收费总额达109.47美元。但是，英国的套餐还包含无限制的数据流量而美国的没有。美国的套餐每月有2000MB的数据流量，

第二部分
当下：公司利用数据做了什么

在推广期内可能每月有免费的 1000MB 流量赠送。2000MB 的数据流量大概允许每天听 15 分钟左右的音乐，看大约 10 分钟的视频。如果超过了限制，你会在账单上看到结果。

在英国和美国之间定价不同并不是什么奇怪的事。Ofcom 是英国的通信管理局，它每年会提供给英国和世界其他主要国家的服务价格对比。它发现近几年来，美国的移动电话服务价格要比欧洲国家的高很多，同时没有任何证据表明这些欧洲国家提供的服务质量更差。定价差异的部分原因应该和英国的消费者监管部门要求提供给消费者清晰的定价信息有关。在美国，价格的制定倾向于让人搞不清楚，也难以在不同竞争者之间进行比较。每样产品和服务有不同的条款和付款选项。英国的监管者还保证了消费者在得到更好交易的同时能自由转换，而美国的消费者则被锁定在多年的合同之上。

纵观整个经济，消费者都是被要求在"客户协议"上签字，然后企业为任何一个购买其产品的消费者提供一个标准表格。过去，这些往往是标准、一刀切的政策。但是有了大数据的支持，企业便得以切割客户协议，甚至到了为每一个客户提供客户化定制协议，然后实时改变该协议的步骤。这会让用户协议看上去更加繁琐，但对企业来说，这是细分市场、提高效率的一种方式。

隐私条款

只要讨论条款，我们就不得不提及隐私条款。"你的隐私和我们息息相关"这样的广告用语十分常见。仔细看看那些用小字体显示的隐私条款到底说了什么才是关键所在。以谷歌公司的隐私条款为例，一些观察家认为在一些话题的深思熟虑上来讲，它堪称行业最佳典范。

关于谷歌隐私条款，你首先该注意到的是它实际没告诉你什么。本质上，谷歌能从注册了任何一个谷歌账号的用户那里收集到它想要的东西。但是，它也能从其他人那里收集它想要的东西或者从其他来源进行了解。那包括了从照片、文件到视频、电子邮件和网页浏览历史所有的一切。同时，谷歌公司使用那些植入你计算机的网络跟踪器进行入侵和修改，这和黑客没有区别，它们会跟踪你去的地方和在网上干的事，无论你是否使用谷歌产品。当你追踪谷歌时，这些隐私条款就会说谷歌收集那些信息是用于取悦用户，用户允许谷歌破解他们的系统。你点击的、键入的，甚至所说或所看的每一样东西，关于你的计算机或移动设备和电话号码的任何东西，一切关于你的当前位置和住家地址、甚至你未来的目标、你的愿望和诉求，都是谷歌的诱饵，同时所有数据不断添加的部分也正被扫入谷歌的电子档案系统。

谷歌公司的条款说："我们可能会利用可用的机制在你的本地设备上收集和存储信息（包括个人信息），如浏览器的网络存储和应用程序的数据缓存。"根据谷歌公司的说法，它能使用你的计算机或你拥有的移动设备，只要不让你产生费用，它甚至能拥有你的财产。浏览器网络存储意味着谷歌能跟踪你所有的活动，甚至在你停止使用浏览器，关闭再重新打开之后。应用程序数据缓存让谷歌能收集数据，甚至没有网络连接时都可以。

谷歌公司提到了一点，说它会分享非个人可识别的信息，这是对它们的合作者（如广告商、出版商及链接的网站）说的。这里有两个相关的突出问题。首先，即使是对于初学者来说，只要内容足够多，这些数据就可以被识别出个人身份。快速改善的科学接受匿名数据，然后"去匿名化"，把条目指回到特定的个人身上。其次，当谷歌说它们只是和广告商分享你的数据，这没有什么太大的限制。谷歌公司有很多广告商，也许包含了大多数的企业。谷歌公司实际上都不必把信息分享给第三方就能达到任何它们想达到的目的。谷歌公司实际上可以使用代表第三方收集的资料而不让第三方知道。在谷歌的条款限制下，无论什么，只要第三方为之付费，无论好坏，谷歌公司都可以用同样的方式按对第三方和自身最有利的去做。谷歌不必给广告商一个满是那些弱势、孤单、有点糊涂又容易受骗的老年人的名单。它们只用发送来自企业的针对性优惠给每一个潜在的有价值用户。因为充当中间人，谷歌可以两边都沾好处。它们一方面可以收取高额的费用，另一方面可以不直接为

第二部分
当下：公司利用数据做了什么

任何肮脏的交易负责。

事实上，谷歌公司已经利用它的针对性广告这么做了。它没有把对网球感兴趣的人的信息交给广告商。它告诉客户"把你的广告给我们，告诉我们你的业务目标，然后我们将把那些广告展示给相关的人看"。谷歌不需要交出你的信息，因为信息直接被用来对付你了。谷歌公司可以独自完成所有的工作。隐私是个大问题，但是令人担忧的不是谷歌公司是否分享了信息。真该担忧的是它到底收集了什么信息，它如何使用这些信息。隐私政策是如此宽泛，以至于本质上没有任何意义。谷歌公司一直非常小心地避开任何对它赚钱机会有意义的限制。而且隐私政策和谷歌的企业发言都是经过精雕细琢的，听上去值得信赖。"不做恶"[①]，对不对？

谷歌公司隐私政策的基调与其缺乏实质一样令人担忧。该隐私政策授权数据的收集、监视和窃听，但暗示这些行为有利于使用者。也许在某些部分是有利的，但很明显的是，谷歌公司也在做对其他广告商以及其他客户有利的事，认为谷歌公司不把自己放在首要地位的观点是荒谬的。谷歌公司已经把它自己放在了生意的中心位置，通过最有效的沟通和广告系统不断匹配买家和卖家。这个角色有必要在两种邮件之间进行平衡，要么发送让谷歌用户对搜索信息感兴趣的邮件，要么发送让市场和广告商们感兴趣的邮件。这是一个令人羡慕的主导性地位。

谷歌公司宣称它使用收集的数据是为改善其产品以及"保护谷歌"。但是，谷歌公司是不会真正透露它利用消费者数据干了什么事，也不会透露它在哪里画了分割客户兴趣和广告商兴趣的线。它的座右铭也许可以告诫员工不要做恶事，但是条款中没有讲任何关于某个谷歌员工如果在某处做了坏事该如何处理的信息。谷歌拥有数千名员工，很难相信其中没有肆无忌惮的人。但是，如果某个人发现自己由于某些邪恶的行为败诉，在谷歌的隐私政策下，谷歌对此束手无策。谷歌没有做任何承诺。当谷歌说"我们不会在未经你同

[①] Don't be evil，这是谷歌公司的口号。——译者注

意的情况下减少本隐私政策规定的权利"时，那是个无谓且毫无意义的申明。说其毫无意义是因为你在这样的隐私条款下压根儿没有任何有意义的权利。因此，谷歌的申明不过是让客户信任它的一种方式。

在整个经济中，附加条款掩盖了一大堆滥用行为。企业使用它来设置商业条款，对客户作弊。对那些追求利润的企业来说，没有什么限制。《纽约时报》的一系列报道揭露了寻求医疗保健的客户被剥削且被迫支付了比应付金额高得多的费用。在这一个案例中，一位接受颈椎盘手术的患者从一位在手术中途被叫来的助理外科医生那里收到了一份惊人的账单，金额高达11.7万美元。这个助理医生在保险范畴之外，因此保险不涵盖这个费用。难以想象这位比身处手术之中的麻醉病人更脆弱的消费者了。这是多么好的一个销售机会！这些文章指出，医生在手术过程中调来保险范畴之外的朋友是很常见的做法，此时病患很难拒绝，同时调来的医生可以收取比正常情况高几倍的费用。交换条件是那些朋友也做同样的事，在下次手术途中，调他们来帮忙。每一个参与的医生都立过希波克拉底誓言，要"不伤害"[①]，这是一个比谷歌企业格言更令人印象深刻且敬仰的宣言。但当涉及金钱时，人们如何为他们所作所为的辩护实在是令人惊讶。

还有很多其他令人担忧的案例。公共政策优先权中心（Center for Public Policy Priorities）在2014年9月进行的一项研究发现，得克萨斯州所有参与美国联合医疗保险（United Healthcare）、哈门那公司（Humana）和蓝十字蓝盾（Blue Cross Blue Shield）保险的医院当中，多达半数的医院都没有自己的保险范畴内急诊室医生。因此，即使得克萨斯州的居民想要在紧急医疗情况下选择一个保险范畴内的医院，他们也无医生可选。另外，他们不知道的是，他们的账单依旧会大幅增加，因为保险公司不覆盖保险范畴之外的医疗提供者。保险公司不关心这事，因为这能帮它们省钱。

绝非巧合，如今在互联网上出售的大多数有价值的数据列表，都是那些

---

① "不伤害"（do no harm）是西方医生传统上行医前的誓言。——译者注

第二部分
当下：公司利用数据做了什么

有财务问题的人的列表。当面对财务压力时，人们会做出任何事情，付出任何代价来摆脱它。对那些有身体或精神疾病的人来说，这一点同样适用。当卖家发现你很脆弱时，无论那是指你必须在某天乘坐飞机，还是有失去房子的危险，或者需要某种直接帮助，他们都可以借此向你收费。

消费市场的力量平衡已经极大地倾斜到了对企业有利的那一边。作为消费者，公众被细分为越来越小的群体，直至极端情况下，每一个单独的个体都要面对诸多一对一的命题，即这是一个消费者单枪匹马对抗知识丰富且老于世故的卖家的市场。在当今的世界中，企业相互竞争以瓜分市场，并收集战利品。航空公司买下了机场的停机位。移动电话和互联网服务供应商迫使竞争对手合并。医院整合成区域垄断。利用大数据技术，不管是保持一点点市场优势，还是达到垄断地位所带来的好处，都从未如此之大的。与此同时，消费者则正处在前所未有的威胁之下。

条款的激增使企业得以进行价格歧视以及定制客户及其隐私协议。它使企业得以创建定制化无法转让的产品和服务，并使卖家在市场中取得优势，而不是买家。条款的激增还掩盖了卖家为了吞噬消费者剩余而采用的手段，有些是公然的，有些则是诡计多端的。

第三部分

未来：消费者是否还有机会

ALL YOU CAN PAY

第 7 章
新淘金热

19世纪的淘金热让加利福尼亚州从一个默默无闻的小镇变成了一个热闹的地方，如今大数据成了新的黄金矿，所有的数据企业都试图从中分一杯羹，其中最引人注目的，是那些正引起数据世界大战的数据巨头们。受到这场战争影响的不仅仅是消费者剩余，生产者剩余和劳动力剩余同样会遭到数据巨头的剥夺，因为数据巨头一直以来都只扮演了一个中间人的角色。

1848年的冬天，金子在萨特的磨坊（Sutter's Mill）被发现。那时旧金山还非常袖珍，不到800人居住在风光秀丽的天然港湾岸边。然而仅仅三年的时间，加利福尼亚就发展成为了美国的一个州，旧金山也有了25 000名定居者。与此同时，成百上千的人正通过金门大桥涌向那里。按如今的价格计算，从1848年至今，"金州"挖出的金子的总额超过了1000亿美元。

今天，一股更大的淘金热正在形成。不过不是在加利福尼亚，而是集中在弗吉尼亚州的阿什本（Ashburn）郊区。如今的探矿人要的是存储在海量计算机内存里的亚原子微粒，这些微粒取代了闪闪发光的黄金。这些粒子本身没有什么内在价值，但一旦它们以一种错综复杂的方式被保存起来，它们就形成了有史以来最有价值的有形资产大数据。

谁动了你的数据
ALL YOU CAN PAY

大数据看起来完全不像一个金矿。到访阿什本的人，可能都没有意识到这个小镇对于全球经济有多么重要。距离华盛顿特区48千米，阿什本镇位于杜勒斯国际机场北部15分钟车程的地方。对于普通大众来讲，唯一能发现阿什本有些与众不同的线索是这些巨大的、像仓库般的建筑随处可见，但却很少看见这有什么活动。这些建筑四四方方毫无个性，但如果你仔细观察，就会发现一些不寻常的特征：首先，它们看上去有很多降温设备。其次，它们有工业级的电力供应以及一排又一排的备用发电机。

其实阿什本那些令人沉闷的建筑里安放的东西是互联网，那里面的服务器是世界上最强大的计算能力和储存数据的代表之一。尽管消费者习惯于认为互联网是虚拟的东西，仿佛被施了魔法一样变到了我们的屏幕上。但事实上，互联网的每一个字节都是物理存在的东西。数百万英里的电线、电缆和光纤联接了数百万的计算机芯片和电子元件。每一部分，小到最后的飞利浦螺丝钉头，甚至小到最后的夸克或电子，都是真实存在的事物。这里的每一个字节都身有所属，不是属于某个人就是属于某个组织。互联网看上去对消费者来说非常美妙，但它一直以来都是一桩买卖。当消费者愉快地点击或分享时，少数商业巨头正拼命努力尽可能地获得对互联网的控制。这些企业是数据巨头，它们来到阿什本是为了接入网络。

阿什本的发展起源于1987年在那里成立并投入运营的早期互联网企业UUNET。UUNET后来和在阿什本设立总部的电信巨人MCI合并。阿什本不断增长的通信基础设施吸引了美国在线（America Online），它于1996年也在那里设立了总部。随着MCI和其他企业加入光纤以支持快速发展的互联网，更多的计算机巨头跟随美国在线来到了阿什本。2000年互联网泡沫破灭，使得那里的建设暂停了一阵，但是经过短暂的插曲之后，活下来的互联网巨头继续在阿什本进行建设。MCI自身在2006年被威瑞森电信公司收购。如今大概有70%的互联网流量流经阿什本及其临近社区，途经位于那里的四十多个大型数据中心。

来到阿什本的企业中还有一家叫亚马逊。它们以"什么都有的商店"著

第三部分
未来：消费者是否还有机会

称，但亚马逊公司悄无声息地开展了另一项生意，那就是把计算能力卖给所有到阿什本来的公司。亚马逊网络服务（Amazon Web Services，AWS）是为独立企业和组织提供计算基础设施的供应商。AWS 在这一行业中处于龙头的地位，它的计算能力不只是支持亚马逊，还包括奈飞、Pinterest、Expedia、Reddit 等公司，以及其他很多网站和企业。AWS 的规模巨大，这使得亚马逊能够只为客户提供恰如所需的处理能力，它根据需要即时增加或缩减。

与这个行业中的其他企业一样，AWS 坚持保密。亚马逊不会提供任何关于其设施大小和位置的细节，也不会提供任何关于它们已经积攒到的计算资源的精确信息。懂行的 AWS 雇员必须宣誓保密。对于技术侦探来说，估计 AWS 和其他网络公司建立的东西已经变成了一种室内游戏。渐渐地，一些事实开始浮出水面。

据估计，AWS 全部容量的大约 70% 位于阿什本及其附近，存在于多个设施中。一个已知和 AWS 有关的建筑大约有 18 580 平方米之大。它占地超过了 1.6 公顷，和沃尔玛最大的商店差不多大，对数据行业来说这很典型。在那里面，层层堆叠的机架服务器整齐地排列成行。收集和处理数据的能力是巨大的，所需的电力供应能够支持上千家庭。但是，这个占地 1.6 公顷的建筑只是一个设施。AWS 运营着分布世界各地的数十个数据中心，从圣保罗到斯德哥尔摩，再到新加坡及悉尼，服务的企业包括巴西航空公司、英国消费品巨人联合利华公司等，而且它的能力每天都在增加。

AWS 支持的业务需要大量的计算能力。仅电影流媒体网站奈飞一家，就被认为提供了整个互联网流量的三分之一。但 AWS 不只是运行奈飞。当 AWS 服务器传送内容时，AWS 及其所服务的企业都会吸取数据，用于参考和分析。

当你从奈飞网络订购一部电影，实际上，AWS 服务器正在暗自制作另一部电影———一部以你为主题和主角的电影。这不是为了亚马逊公司自娱自乐。永不入眠的 AWS 服务器看到的比你意识到的更多，并且它们永远不会忘记。

阿什本和世界范围内的海量电脑非常仔细地研究着你，并用其不断增长的智能回应你。为消费者提供的服务是出色的，且备受重视。但被恰当地称为"服务器"，在以很多消费者根本不了解的方式为它们的所有者服务。

像加利福尼亚北部的老萨特的磨坊一样，有一天，阿什本也许会被作为今天伟大淘金潮的零地标来纪念。几十年来，企业和投资人都拼命在阿什本投资，构建可以尽可能多地获取互联网数据的能力。数据中心如雨后春笋般接踵而来。当今，每家企业都在某种程度上依靠数据。收集、分析和存储数据是一家企业了解客户并使价格及产品适应市场需求的方式。甚至是小公司，也能整合细碎数据中的一些元素，找出你是谁、你的需求、希望、欲望和资源。但是，只有少数几家公司有数据和智慧把数百万明确的个体画像放在一起。这些公司才是真正起主导作用的。在大多数企业和消费者关注日常担忧的问题时，它们在很大程度上并不知道数据之王的巨头在为拥有互联网关键部分而积累数据和设施而斗争。这少数几家公司的最终目标不只是主宰数据行业，而是整个经济。

数据世界大战

在所有以商业为目的收集和使用数据的公司中，有10家企业均衡地占据着主导地位。它们的名字耳熟能详：亚马逊、苹果、AT&T、康卡斯特（Comcast）、Facebook、谷歌、IBM、微软、甲骨文（Oracle）以及威瑞森电信。它们属于世界上最富有公司的一个高档俱乐部。这十家中的每一家，至少拥有1000亿美元的资产。这些数据巨头加在一起价值2.6万亿美元。没有其他另外十家美国公司能在资产上与之匹敌。

这十大公司财力雄厚，并且有很高的利润。加在一起，它们一年的总利润超过2700亿美元，同时，它们手上还有2500亿美元现金。这些公司中的每一家都拥有互联网的一些关键部分，并且仍在投入巨资以拥有更多。它们当中的每一家都是以某个特别优势起家的：谷歌知道你要什么；Facebook知

第三部分
未来：消费者是否还有机会

道你关心什么；亚马逊知道你买什么、付了多少钱；威瑞森电信和AT&T知道你身处何地以及发送和接收了什么；康卡斯特知道你在哪里上网；甲骨文、微软和IBM则建立了使大数据变得有用的系统。这十大公司中的每一家都认识到了填充整个画面的重要性。于是，毫无意外地，谷歌公司开发了社交媒体网站如（Google+，Groups，Orkut，Blogger和Hangouts）。威瑞森电信和AT&T开发了超级网络跟踪器——用以跟踪手机用户网络活动且不可删除的标记；微软公司提供搜索引擎；IBM则经营数据中心。每家公司都有财力在所有方面进行竞争。这场世界范围的数据战争被称为"数据世界大战"（World War D），其赢家将会得到巨大的奖赏：在全球经济的巨大份额中拥有前所未有的经济大权。

如同民族国家一样，这十大公司一方面组成联盟，一方面疯狂地进行着数字军备竞赛。它们付钱建造大型数据中心以及光纤和无线网络，它们联接世界上每个角落的人和机器。它们投资开发新技术，其中6家是世界领先的研发投资者。一些公司的名字本身就是一个传奇故事：首先是IBM公司，然后是微软公司，现在则是苹果公司。

这三家公司中的每一家都代表了其所处时代企业的成功与威望的巅峰。20世纪70年代，IBM公司是计算机硬件领域中毫无争议的领导者。20世纪90年代，微软公司在大众把目光转向软件时确立了其领导者地位。现如今，苹果公司则是无与伦比。但这绝不意味着IBM公司和微软公司已经不行了，这十家企业中即使是看上去最不成功的公司也仍然拥有可以主动挑战其他公司的资金、基础设施、联接以及智能。

尽管数据领导地位发生了转换，但这些头号选手依然存在，仍具有竞争力。美国电话电报公司是20世纪五六十年代的大佬，接着是70年代的IBM，90年代的微软。它们仍然存在，拥有巨大的生意，还是能与谷歌、Facebook及苹果这样的公司竞争（详见表7-1）。

这十大公司在技术上投入巨资，包括物理的和智能的。它们在研发和扩大产能上的花费是令人吃惊的，每年加起来超过1000亿美元。

表 7-1

公司	市值	现金	年度现金（EBITDA）	年度研发资金	年度资本
亚马逊	144	7	4	7	3
苹果	647	25	60	5	7
AT&T	174	2	46	2	21
康卡斯特	149	5	23	-	7
Facebook	218	14	6	1	1
谷歌	357	60	20	7	7
IBM	159	10	25	6	4
微软	383	89	33	10	6
甲骨文	199	52	17	5	1
威瑞森电信	194	8	50	-	17
总计	2624	272	284	43	74

单位：十亿美元

来源：美国证券交易委员会 2014 年 9 月 30 日档案文件。（该组织 2014 年 9 月 31 日停止分享数据）

更令人印象深刻的是，这些实力强大的公司精心策划整个经济的各个部分。因为没有必要，所以电信、无线和有线公司在直接研发上方面投入微薄。重要网络拥有者的特权地位使得它们能够轻松购买其他公司的创新。举例来说，三星公司是世界上最大的研发投入者。三星公司也许会造出伟大的手机，但在美国，如果没有无线公司的协助，三星公司手机根本无法工作。因此，三星公司干了重活，接着美国无线运营商转售手机俘获客户获取高额利润。如果你能这么做，这绝对是个好生意。

亚马逊、谷歌和 Facebook 在内容上也有优势，所有人都需要它们所提供的内容。但是，如果一家新的企业出现并创建了一个更好的实质性的产品，那么它们的生意就有风险了。因此，数据巨头们会频繁地买入有前途的公司，

第三部分
未来：消费者是否还有机会

也投资于其他公司。它们雇用很多人，给最优秀和最聪明的人提供舒适的工作。例如，谷歌公司现在有5万多名雇员。那些雇员并不是为我们的搜索查询输入结果的企业零件。他们中有相当一部分是技术天才，在世界顶级学术项目中接受过培训。只要一点点运气，谷歌的天才极客们就能创造出下一个互联网现象。即使他们没有做到，当一项新发明出现在其他地方时，谷歌公司也能迅速地进行复制。只要谷歌公司保留着那些雇员，他们就不会为竞争者工作，也不会自己创业。

数据淘金潮正在发生。这十大公司疯狂地提升能力和增加服务，并希望能形成软件、客户和设施的正确组合，那将让它们变得必不可少、不可取代并占据主导地位。

数据行业

自从邮购目录被发明以来，数据驱动列表的价值就一直在增长。在此之前相当长的一段时间，至少从1498年开始，当时阿尔杜斯·马努提乌斯（Aldo Manuzio）总是把他的畅销书目录分送给威尼斯客户以吊起他们的胃口。随着19世纪全球范围内高效邮政服务（最初的互联网）的发展，邮购公司成长为大公司。把目录寄给潜在客户，避免给不感兴趣的人递送材料的开销变得越来越重要。公司保留着它们的客户记录，用不同的手段来确定最有前途的新前景。没过多久，数据经纪行业就冒了出来，这些企业组织帮助整合目录和统计邮件列表。多年来，这些数据经纪公司了解了它们的交易，按目录划分好了应该提供的名字和地址，以便用于市场营销。再借鉴它们积累的经验和科技的创新，这些数据经纪公司创造出了大型消费者信息数据库。如今，仅在美国就有三千到四千个数据经纪公司在运营着，它们一直在出售大量数据。

数据经纪公司收集大量有关我们每一个人的信息。除了我们的名字、地址和电话号码，数据经纪公司还知道我们挣多少钱、借多少钱、花多少钱以及购买什么东西。它们知道我们是否及时支付账单，还知道我们花时间做什么事情。

就像一个世纪前的全球邮政网络一样，互联网的出现改变了目录销售，也改变了数据经纪行业。现在，数据经纪几乎能提供发达国家里每一个人的海量个人信息。数据经纪收集不断增长的在线信息并纳入它们的数据库中。因此，如果你想要在华盛顿纪念碑 19 千米之内、有两个孩子、说葡萄牙语并开一辆十年车龄旧车的所有人的地址和电话号码，那你只管问。你只需要付钱查询，你就能得到一个相当精确的列表。

正如 2014 年联邦贸易委员会的报告中说明的，数据经纪的核心业务是售卖列表。一些列表不是特别有侵犯性。人们对出现在如"狗主人""冬季运动爱好者"或"邮购目录响应者"的列表上也许不会在意。但对种族和收入的列表，如"城市扰乱者"和"流动交际花"也许会更敏感，因为根据联邦贸易委员会的报告，这两个群体有很高比例的低收入拉丁美洲和非洲裔美国人。还有一些特别标示年龄的列表，如"农村长寿者"，是指 66 岁以上具有"低学历、低财产净值"的单身男女，"已婚且见多识广的人"是指"中产及以上但没有孩子"的三十几岁的夫妇。更为敏感的是那些关注健康相关主题或状况的列表，例如："准父母""糖尿病关注者"和"胆固醇关注者"。

所有这些列表以及更多的列表，都可能被拿来卖钱。这些信息可以很轻易地被合法使用，但如果落到坏人手里，就很容易被用来对付消费者。那些更有价值的待售列表之中就有还不上房贷的人的列表。失去家的威胁是一种强大动力让人们去借贷，有时甚至不顾风险。一丝不苟的金融企业会用一眼看上去有利的产品引诱客户，这些产品非常昂贵，于是，发薪日就变成了借钱日。

数据经纪公司手中信息的范围之广令人印象深刻。根据一份政府报告，仅一家数据经纪公司就拥有一个包括几乎所有美国人 3000 个数据项的数据

第三部分
未来：消费者是否还有机会

库。这意味着列表可以被叠加来产生个人的详细画像。在一个列表里出现是一回事。但把"狗主人""糖尿病关注者""城市扰乱者"和"邮件直接响应者"这些标签汇集在一起，就是在画一幅画像了。

知道数以千计的数据经纪公司正在翻看你的数据，然后出售关于你的详细画像，你不会是唯一一个对此感到不舒服的人。如果你了解到数据经纪公司几乎不受监管，除了像信用和健康数据这样有限的类别外，其他都没有限制，你就会更加担心。但是，就算那些看上去受保护的地方，其实也很容易通过推理泄露。例如，你的医生不能告诉数据经纪公司 Acxiom 关于你健康状况的信息。但是，你购买的东西、你的网络浏览历史和电邮往来，以及在表格、调查和问卷上的泄露信息，全都是完全合理的。数据经纪公司非常乐意建立一个列表，列出那些也许患了糖尿病，甚至连医生都还没证实的人的信息。

更令人担心的是，数据经纪是一个正在消亡的行业。它们的核心业务依赖于邮件直销和电话邀约业务。像 Acxiom 这样的公司可以把它们的数据库和你的名字、电话号码，也许还有你的电子邮箱联接起来。这的确不是件小事，但与数据巨头们能做的比起来就是小巫见大巫了。像谷歌、Facebook 或威瑞森电信这样的公司不需要数据经纪，因为与数据经纪所能获得的相比，它们已经有了更为丰富的数据流。你所认识的人、跟你有关的产品和服务、你的活动以及你的兴趣全都被显露出来。更重要的是，数据巨头们可以实时地、细致入微地看到你的生活，并且能预言你想要什么和你要去哪里。

数据巨头所收集信息的数量，以及那些信息潜在的用途，让数据经纪行业相形见绌。数据巨头可以研究我们的电子邮件和电话通话信息、追踪我们的网络浏览、移动电话请求、总结我们的买卖和在任何时候跟踪我们行动。谷歌并没有一张列着数百万"狗主人"名字的列表。谷歌有一个关于某人的列表，而那个人就是你，这个列表不关心你是否有一条狗，但是这个列表知道你点击了宠物食品广告，以及无数其他关于你的事情。同时，谷歌公司有其他数百万消费者的单独列表。这里数据精细、复杂、实时，完全超出了数据经纪的能力所及。

数据经济学

数据世界有自己的经济学。如果你知道某个人的某一件事，你并未拥有太多。如果你知道几乎每个人的一件事，或者某个人几乎所有的事，那你就拥有了一点点财富。但是，如果你知道几乎每个人的每一件事，你就拥有了无价之宝。本质上，数据巨头是中间人，为了收取费用而联系买卖双方。例如，谷歌公司在世界主要的内容供应商中占有一席之地。每天谷歌公司为用户处理数百万的搜索，但更主要的事情是创建非常多的列表。谷歌之所以成为谷歌，是因为它所创建的列表对数百万用户来说非常有用。几乎在任何情况下，用户所想要的都不是谷歌公司自己提供的，它们只是在用户需求和一个相关网页的列表之间建立联系。谷歌著名的网络爬虫搜索引擎就建立列表并将那些列表呈现给用户。

在互联网上，所有公司都面临着日趋激烈的竞争，本地企业的竞争对手并不比世界另一端的竞争对手更近：两者都只是一个"鼠标点击"的距离。普通公司必须增加更多的计算能力，这是必要的开支，是生产并销售其产品所需要的。然而，对于数据巨头来说，每一个新的数据中心都是一个终端本身和一件具有竞争力的武器。传统企业积累的信息局限于范围狭窄的活动。企业记录其客户是谁、在哪里、买什么、价格多少。在过去，企业通过观察、询问问题和利用数据经纪来确定其客户的基本事实。但是，它们缺乏数据、访问和分析资源，来组合成一张关于客户的精细画像。

而数据巨头们与之截然不同。像亚马逊或Facebook这样的公司不仅知道（或推断出）你是谁，还知道你喜欢什么；它们不仅知道你在哪里，还能猜到你要去哪里；不仅知道你现在正在做什么事情，还对你为什么要做这件事情有很好的推测。数据巨头们每天都在仔细观察，它们对你的日常生活做出

第三部分
未来：消费者是否还有机会

的猜测十分完美。

对于数据巨头来说，互联网既不是一个抽象物，也绝不是一个万物均等的乌托邦。互联网是一个由竞争团体所拥有的物理设备的集合。它是一个商业战场，在这个战场上，一些公司占有主导地位。互联网最重要的元素就放在像亚马逊在阿什本的设施一样的建筑物里，看起来像大卖场。

消费者常常忽略他们其实就在这些结构中。即使是国家安全局这样的机构的最详细报告，也比不上每个消费者所产生的总体数据。我们每天每一分钟都产生大量数据。每一个动作、手势、词和按键都会产生额外的数据。巨大的、数量不断增长的私密信息被我们周围的计算机、平板电脑、手机和传感器获取，然后进行记录、汇总和分析。对于享有特权访问和读取它们的少数人而言，一个数据唤醒就能显示发生了什么、为什么发生、接下来会发生什么。

现在的数据巨头们正在争夺史上数额最大的商业奖赏。技术的历史中充满了无数伟大的企业。一个多世纪以前，工业革命催生了工业巨头的出现，如标准石油（Standard Oil）、美国钢铁（U.S. Steel）和美国烟草（American Tobacco），它们是主导行业的公司。巨头们创造了前所未有的利润，并积累了前人们无法企及的个人财富。十大公司将自己定位在主导地位，不仅仅是一个单一的产业，而是在多个行业（甚至整个经济）中一齐发力。

这些数据巨头们在每一单交易中都是作为中间人出现，通过匹配买家与卖家获利。渐渐地，数据巨头们从经济体中所获取的剩余份额越来越高。由于它们对客户非常了解，因此可以做到快速、准确地调整价格，满足个性化的需求以及随时支付的能力。当你越需要某个东西时，你的选择就会越少，所付出的代价也就越大。设计每一笔交易不仅适用于定价。如果有足够的数据，还可以单独定制质量和服务。数据巨头可以确定每个客户都能接受的最低质量和服务。通过对每样东西收取更多的钱来获取更多的消费者剩余，这意味着无比丰厚的商业利润和前所未有的财富。

生产者剩余

海量数据的收集不仅仅影响了消费者剩余，而且也会使企业面临失去自己利润空间的风险，那是消费者剩余的一个镜像。事实上，几乎所有的企业在出售其产品时都会想获得一定程度的利润。每笔销售的利润取决于许多因素。例如，消费者愿意为他们购买的东西支付更多的费用，公司愿意采取较低的价格出售。无论何时，当一家公司进行销售时，价格必然可以变得更低且仍然具有一定利润，直到价格低至一个临界点，在此时，公司已经无所谓是否能达成销售了。在整个经济体系中，卖方所创造的利润总额代表了生产者剩余，如图 7-1 所示。

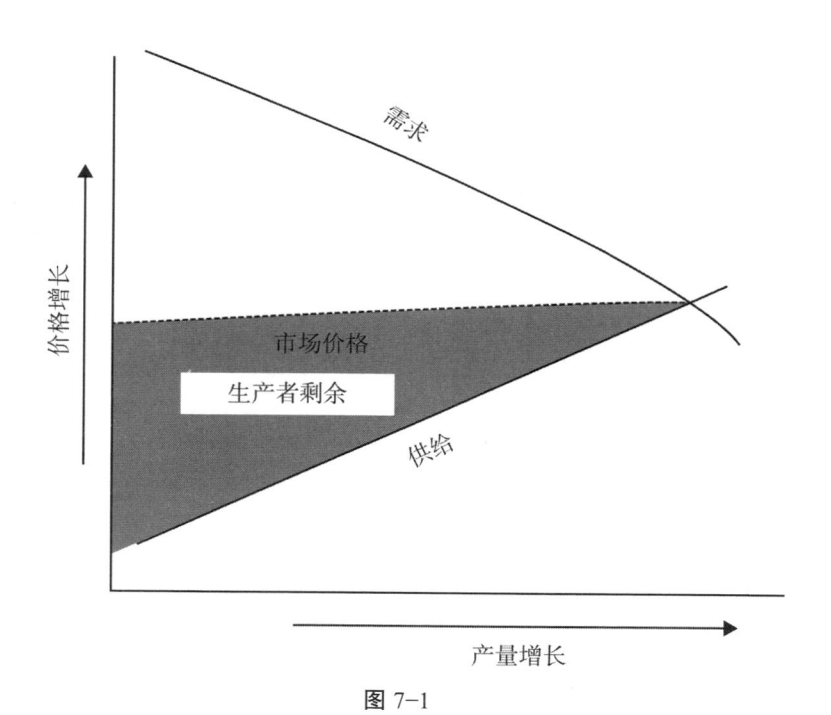

图 7-1

第三部分
未来：消费者是否还有机会

与消费者剩余一样，生产者剩余的总额也非常大。其中企业利润每年总计2万亿美元左右，还要加上非法人企业业主所获得的1万多亿美元利润。企业不会无故放弃它们的利润，但数据巨头们已经开始蚕食这超过3万亿美元的奶酪了。

每家公司都非常不愿意透露它们每笔销售获利多少。这是一个公认的原则，如果买方知道卖方的利润空间，买方可以要求更低的价格，挤压卖方利润并转变成自己的利润。从理论上来说，如果买方知道细节并有足够的影响力，那它可以获取卖方（几乎）所有的利润。

在以往，算出卖方的利润一点也不容易。卖家将其利润作为商业机密来保护。但随着消费者的数据被不断收集，大数据正在逐步改变力量平衡。如果有足够的信息，就算卖方极力掩盖，精明的买家仍然可以推算出卖方的利润。以沃尔玛为例，它们对其供应链做了一个科学研究，一有机会就会压榨供应商的利润。沃尔玛的知识不只限于现有供应商，还包括对市场替代品的广泛知识，他们说让自己处在强势的地位上进行讨价还价。当沃尔玛知道其供应商仍然赚钱时，供应商便没法假装它们已经给出了最好价格。沃尔玛科学地研究了其供应商的利润，并非常准确地判断其应该支付多少。鉴于沃尔玛的巨大规模，很少有卖家可以拒绝和它做生意。

但是，即使是沃尔玛，它也不是真正的数据巨头。虽然它有相当可观的能力和规模，但它缺乏一个真正的大规模数据收集渠道，让它可以在整个经济体中广泛、实时地收集数据。数据巨头们不仅研究个人，还研究公司，公司留下的数据是一个丰富的宝库。从历史上来看，公司会通过经营自己的数据池来保护自己，并要求雇员遵守保密协议。但随着时间的推移，没有人可以拥有绝对的秘密，这些保护也将越来越弱。秘密配方和制造工艺可以用手机摄像头拍照，储存在微型记忆装置上，并在世界各地瞬间传送或发表供所有人观看。最终，个人的秘密会全部消失，而商业模式也会从基于独特信息创造价值转移到基于海量信息创造价值。数据巨头们随时随地都在不停地收集信息，它们创造的是一个无法被窃取或复制的巨大资产。

以工资为例。对于一个数据巨头，确定某家公司所有工人的工资就像孩子们玩游戏一样简单。电话、摄像头和道路传感器的位置数据都很容易透露出谁在上班。电子邮件、网络、电话和旅行记录会补充画像之外的信息。还有其他来源补上细节，大致赚多少钱，谁被雇用或解雇，所有这些都是实时的。数据巨头们可以有效地研究一家公司的员工，并且很容易对公司的运营成本和前景得出结论。

知识产权是另一个正在变弱的障碍。从历史上看，企业已经在保护其秘密配方和方法上取得了长足的进步。但是，随着收集和储存数据的成本下降，泄密的概率也在逐渐加大。想象一下，一家制造厂拥有一个专有的制造工艺。即使不是故意泄密，但随着时间的推移，每一组在 Facebook 和其他照片分享网站上发布的工厂拍摄照片会被收集。员工生日照片、公告板图片和其他看似无害的项目都包含有背景信息，这些都是可以通过大数据来梳理的线索。一个数据巨头的电子大脑具有考古学家般的专注和耐心，以及光速一般的运行速度，从理论上来说，它完全可以根据这些信息拼凑出工厂内部的设备和布局情况。基于它们所拥有的资源和能力，绝大部分的公司都要比消费者更不易受到数据巨头的掠夺。但最终，数据的大量收集将压倒所有保密方面的努力，甚至最大的公司也会处于风险之中。

一个公式、一次过程、一个价格，任何个人秘密都很容易通过数据收集和分析被识别。最后，剩下的唯一秘密将是在数据巨头手中攥着的巨大数据宝藏。这笔资产如此巨大，以至于不能被复制或交换。除了数据巨头，没有人有能力来理解和利用其中的财富。

数据巨头已经开始走上一条像上帝那样无所不知的道路。现在已经可以预见的前景是：数据巨头能随时知道每个人每时每刻会为每样东西付多少钱，也知道每一个卖方或制造商的要价。个人最多能支付的费用和卖方所能接受的最低价格之间的差异代表着整个经济剩余，也是潜在的奖励。在数据巨头具有足够的数据和分析能力后，它们将在匹配供应商和消费者时占据绝对的优势地位。数据巨头可以在最大限度上吸收剩余，从而让消费者支付他们所

第三部分
未来：消费者是否还有机会

能支付的最多费用，而生产者则最终接受其所能承受的最低价。

第三种剩余：劳动力

与消费者剩余和生产者剩余类似，劳动力是大数据的第三个目标。和其他卖家一样，工人们出售他们的技能和劳动。劳动力市场一直处于经济体中效率最低的领域，公司需要花费大量的成本在寻找和雇用合适的员工。工人也有自己的困难，他们需要确定合适的机会并就工资讨价还价。这些低效的因素导致了劳动力市场的过度失业、工会腐败以及无数的延误和成本浪费，使劳动力市场的发展受到严重的制约。

大数据已经开始从根本上改变工人和雇主之间的关系。随着对单个雇员数据的大量收集，公司开始越来越精细地管理每个人的的产出和效率。最终，时间和运动背后的粗略科学研究将细化到用于客观衡量工作场所的绩效。

劳动者处于一个潜在的危险境地中。雇主和劳动者之间巨大的信息不平衡使一个人很难弄清楚他们的贡献到底有多大价值。更有甚者，公司倾向于把每个劳动者的收入保密，使得个人很难对其工作的"市场"估值进行评价。

公司已经开始利用数据的力量来提高它们与劳动者的议价能力。工作场所的电子监控、电子邮件、电话记录和网页浏览历史提供的大量数据不仅对于筛选"烂苹果"是有用的，而且还可用于影响员工的行为规范和工资谈判。基于这些数据，公司比以往任何时候都更了解谁在寻找新的工作、谁会离职和谁会坚定地留下来。而且，这些数据还可以帮助公司管理员工的行为。无处不在的监控和数据收集会进一步加强禁止毒品、饮酒、吸烟和暴饮暴食（即使是非工作场所）这些要求的约束力。

以圣路易斯的一位单身母亲为例，她原本是一名上班族，后因发布匿名博客描述自己的出轨行为而被解雇。尽管她尽量将其工作与自己的私生活和博客分开，但她无法完全在网上隐藏自己的真实身份。借助于Twitter的搜索引擎 Topsy，她的上司发现了她的真实姓名及其挑衅性的博客，最终导致她被解雇。不论你是否赞成这些博客，但她的故事是一个关于大数据对员工的威胁的警示。当雇主对雇员下班后的行为不满意时，几乎没有什么法律可以保护雇员，即便有一些措施也起不到实质性的作用。

随着大量的数据改变了雇员与雇主之间的权力平衡，权力开始更多地向数据巨头倾斜。你的公司可能会察觉你曾经与招聘人员接触，而微软、谷歌或威瑞森电信等公司则会知道你是否要参加面试以及何时面试。数据巨头们很善于出售其服务给那些试图更好地管理员工的公司。说得极端一些，数据巨头甚至可以定义大量人口的就业条件。

中间人的力量

亚马逊提供了一个很好的展示数据巨头巨大经济潜力的例子。由于其规模和对供应商的深入了解，该公司在压低自身成本和供应商毛利方面很有优势。亚马逊拥有非常重要的数据基础设施（例如 AWS 的服务器群），那些基础设施为公司打开了一个巨大的窗口，它可以从数以百万计的来源获得粒度数据。

一旦亚马逊知道它能对一个产品向消费者收取更多费用，它就不会与供应商分享这笔额外的钱，只会将其纳入自己的囊中。如今，亚马逊的利润与销售相比并不是很可观。零售业竞争非常激烈，至少到目前为止，亚马逊还没有找到一种神奇的方法既能赚取高额利润又能打败竞争对手。但亚马逊给竞争对手带去的压力是强大的，未来的潜在利润是诱人的。这就合理地解释了为什么尽管现在亚马逊的利润很微薄，但它的股价很高。如果亚马逊能够在零售业的竞争中占据上风，利润还会在适当的时候进一步提高。

亚马逊快速崛起成为零售业的翘楚使它有了巨大的市场力量。例如，在图书出版市场，大约有三分之一是属于亚马逊的。于是，当公司与大型出版

第三部分
未来：消费者是否还有机会

商阿歇特（Hachette）的合作陷入僵局时，它只需停止出售一些阿歇特出版印刷的书即可。目标明确的买家还是能从其他卖家那里找到书，但阿歇特出版公司所付出的代价却是清楚的。

亚马逊的零售网络和大数据能力是很容易理解的。但是，很少有人知道Facebook和谷歌公司是如何在数十亿美元的在线交易中成为中间人的。毕竟，谷歌公司和Facebook并非零售商。但它们是广告发布者。当你点击来自数据巨头的链接广告并购物时，数据巨头就会分享该项利润。消费者不知道谷歌公司或Facebook究竟赚取了多少钱，因为那是在台面下进行的。但是，对于以下情况，任何数据巨头来谈判都不会感到困难。当消费者点击一个牙膏广告时，数据巨头就会知道消费者是谁。这个领域还处于初始阶段，但是要不了多久，数据巨头就知道这个消费者愿意付多少钱。在他第一次点击的一两微秒之内，Facebook就会通知牙膏卖家："我有一个客户对你的产品感兴趣，他愿意支付5美元。由于Facebook可以非常细致地了解卖方的成本结构，这在下一毫秒就会体现出来："Facebook将会针对这个客户收取2.50美元的佣金。你愿意接受这个建议吗？"

市场的主导力量已经形成。约翰·巴特尔（John Battelle）在其名为《搜索》（The Search）的书中讲述了一个在线鞋类零售商（2bigfeet.com）的故事。这家公司卖大号男鞋，在公司成立的早期，网站的高人气使它位于谷歌针对超大鞋搜索结果的前几位。2004年，在没有警告或解释的情况下，谷歌公司改变了它的搜索算法。结果，2bigfeet.com几乎消失在互联网上，从第一页掉到第五十页。于是，该公司业务一落千丈。没多久，2bigfeet.com找到了解决方案。它们开始从谷歌购买广告，重返到了置顶搜索结果，一直保持到现在。

这个关于2bigfeet.com的故事是对谷歌公司强大的商业模式简明扼要的阐述。谷歌公司独创的搜索技术得到了普及和用户的欢迎。用户的增长扩大了谷歌公司的规模，为公司提供了大量的数据，以提高其搜索技术。随着时间的推移，谷歌公司超过了搜索领域的所有竞争对手。现在，该公司巨大的规模使得它几乎不可能被大多数公司所忽视。不管是否喜欢，如果一家企业

谁动了你的数据
ALL YOU CAN PAY

想在网上被找到，谷歌在收费方面占据了主动。当然，没有人是被迫支付的。任何一个不愿意被搜索到的公司完全可以忽略谷歌。但是没有什么公司可以承担没法被网上搜索到的后果。与此同时，数据巨头正在创造经济领域的一个新分类系统：在顶部，是利用数据和机器协调经济各个部分的组织，如谷歌公司或Facebook，它们正以前所未有的规模吞噬剩余和提取价值；在中部，则是一些较小的公司和企业，具有各自的微生态环境，也许持有不能被轻易复制的专利或秘密（就目前来说）；在底部，将是越来越多的处于不利地位的巨大数量的企业和消费者，它们完全无力抗衡数据巨头们的所谓平等条款。

ALL YOU CAN PAY

第 8 章
自由市场的终结

当知识鸿沟、价格歧视、大规模定制和对产品的通用性限制一起发酵时，消费者剩余就将会被榨干到临界值。自由市场会开始逐步瓦解，再也无法保护消费者。取而代之的是自然垄断的蓬勃发展，巨大的经济权力会高度集中在少数人的手中，而消费者和政府还没有做好迎接这种数据层面上垄断的准备。

想象一下数年之后去餐馆的情景：一个你所熟悉的地方，尽管没有预约，但它却似乎知道你要来。服务生以你的名字问候你，并请你就坐在你最喜欢的桌子旁，同时呈上专门为你定制的菜单。当然，在你买瓶装水或其他饮料、以及最爱吃的甜点时，可能也会出现类似的情形。这种服务会有点贵，但他们的工作的确非常出色。在回家的路上，你也许会想自己是否真的需要一杯餐后葡萄酒或者是否真的需要那种特殊的开胃菜。但是，毫无疑问，这顿饭让你感到非常享受。

餐馆似乎知道你喜欢什么，因为它们确实对你很了解。当你还在去餐馆的路上时，一则包含你的名字和图像的提示信息就会在老板柜台的屏幕上弹出。摄像头会采集你的面部、身高、体态、体型、头发和眼睛的颜色等信息，并将其与你上次的数据进行比较，从而确认你的身份。

虽然你没有预约，但你的手机却提供了你的位置，并在提示信息中你的面部旁会出现你的名字和邮箱。数据服务提前告知餐馆你可能会到达，当你离餐馆越来越近时，手机定位信息会再次提醒老板。因此，当你走进去的时候，老板可以完全放心地叫出你的名字以表示问候。菜单和价格是通过将餐馆的配料储存信息和你的个人资料进行三角比对计算而得的。

摄像头记录的是非语言线索，其他传感器则采集的是你的声音和就餐过程中每一个阶段的点评，无论这些点评是好是坏，或是与该餐馆和食物是否相关，它们都会被记录。椅子记录了你餐前和餐后的体重，以及你就餐过程中曾经调整的位置。同时，就餐过程中各组成部分的确切持续时间也会被记录和管理。

菜单不是印在纸上的。你可以在轻便的平板电脑上浏览并点餐。由于你是老主顾，菜单选项和价格都是为你定制的。第一次的打折恰好达到让你无法拒绝的程度。从第二次开始，你不再享受同样的待遇。餐馆通过与提供后台服务的数据巨头合作，获得了关于你的需求和喜好的详细心理描绘图，从而可以近乎完美地预测出你会买什么和愿意付多少钱。

此心理描绘图有大量的数据支撑。餐馆的玻璃器皿可以测量体积。你喝过什么、喝了多少以及喝得多快只是大量数据的冰山一角。来到后面的洗碗台，洗碗工会用棉签从你的杯口快速取样，并将其放入分析器中。极其微量的 DNA 从一小滴唾液中被提取出来，并进行完整地测序。你上卫生间的过程也会产生一系列数据。虽然餐馆向你保证不会对你上卫生间的声音和图像进行人工分析，但是机器分析是一直在进行的。你的声音和动作被彻底数字化，并被分析和记录。"智能"下水道会进行进一步的测试。现在，餐馆拥有的数据甚至比你的家庭医生曾经拥有的记录更加完整。

也许你还没注意到，菜单背面有以下说明：

第三部分
未来：消费者是否还有机会

我们的隐私政策：在与我们的数据业务合作伙伴"巨人"协作时，我们收集的个人数据是用于提供、维护和改进我们的服务，以及开发新的服务。未经许可，我们不会泄露你的个人身份信息。我们的隐私政策可能会改变，但未经你同意，我们不会减少你的权利。

你可能并没有读过这些，但即使你读过，这些模糊的话语也只能让你略感安慰。餐馆和它的数据合作伙伴肯定对此毫无异议。对他们来说保障你的权利不减少并没有什么困难，因为根据该政策，你的权利实际上近乎于没有。

通过与数据伙伴合作，餐馆提供了你想要的东西，并获得了一些额外的回报。尽管餐馆的生意一直都比较稳定，没什么可抱怨的。然而，想有更大的起色似乎也很难。因为每次收入一有提高，数据合作伙伴就会相应地提高收费。一年下来，数据合作伙伴赚得盆满钵满。然而，没有数据支持，餐馆就无法与同行竞争。愿意在大数据技术之上给顾客提供高质量服务的餐馆比比皆是。

数据压缩

"未来餐馆"现在还不存在。今天，很难想象会有人从餐馆的杯子上提取基因，卫生间的监控录像也让人难以接受。但事实上，虽然企业一直在努力探究消费者的心理状况，但大部分的工作仍处于非常初级的阶段。餐馆不会根据大数据的信息来改变它们的菜单。至少目前还没有。

然而，在餐馆故事中描述的技术和分析是确实存在的。技术革新的步伐从未间断，传感器、计算能力、连通和数据存储等相关硬件的价格年复一年地急剧下降，从堆积如山的数据中提取情报的能力会越来越快。而且，允许产品定制和快速定价的系统和业务流程每天都在改善。除非通过改变基层消费需求或自上而下的法律手段来进行限制，餐馆故事中所描述的所有结果几乎肯定会发生，即使具体表现形式可能有所不同。

而且，这将迎来一个新的经济秩序。可以想象：某一个，或者更可能是某一些数据巨头会在探究消费者所知道什么和为消费者提供商品和服务最终价格等方面，展现出前所未有的能力。随着它们对消费者剩余细致、实时地了解，数据巨头将根据个人的口味和情况量身定制商业服务。个性化定制和转让限制将侵蚀转售市场，使得套利交易变得不可能。大众市场将消失，并被一个非常复杂的数据驱动市场所取代。在数据驱动市场，每分钟、每个人所面临的价格都不一样。标准商品和服务将演变成一个多维定制商品和服务体系。财富将会以无法想象的程度被创造出来。消费者至上、商品化产品的时代终将结束。

信息的不对称将会变得极其严重。任何人和实体都不可能像数据巨头那样拥有如此多的数据和分析资源，因此也就不可能与它们进行有效的讨价还价，即使是远程的。以比价网站为例。在航空旅行方面，Expedia、Kayak 等网站似乎提供了来自各家航空公司的信息。并且事实上，它们起初的确做得很好。但是，航空公司已迅速作出反应。有些航空公司，如美国西南航空（Southwest Airlines）根本就不参与这些服务。你不能在 Kayak 上查询西南航空的票价，因为西南航空不会允许你这样做。其他公司则开发了一系列定制功能来让比价变得困难。因此，即使你订了最低票价，却可能会意外发现自己还需要额外支付一笔 Kayak 上并没有明确显示的费用。更为重要的是，你搜索 Kayak 看到的数据只局限于某个时间点，来自于价格引擎的信息实际上要多得多。定价引擎知道顾客购买的是什么、拒绝的是什么，因为它实时进行更新。你永远都不知道：如果你用一天时间来订或提前预定，你能否得到更好的价格。没有人有时间在 Kayak 上查看几天价格。即使他们做一个单独的分析，也不能辨别出有多少个座位保持开放以及何时是最佳购买时间。另一方面，价格引擎有关于库存、需求和竞争非常准确的信息。因此，个人永远不可能在讨价还价中占到便宜，除非是完全随机发生的偶然情况。

当你把知识鸿沟、价格歧视、大规模定制和对产品通用性的限制纳入考虑范围，你就会看到自由市场的逐步瓦解。保留下来的是一个有致命缺陷的经济体：自然垄断蓬勃发展，巨大的经济权利高度集中在少数人手中。

第三部分
未来：消费者是否还有机会

粒度垄断

美国人总是担心垄断。波士顿茶党（Boston Tea Party）最终破坏了具有垄断地位的不列颠东印度公司进口到波士顿的茶叶生意。不列颠东印度公司早在1600年伊丽莎白女王统治下就已经创建。事实上，对于垄断的关注自古就有。"垄断"这个词来自于古希腊，亚里士多德因担心经销商垄断橄榄压力机而使用了这个词。在古代，人们对垄断既恨又怕。但古代的技术不够先进，垄断者不能充分利用自己的权力，通信、运输和执法权力的限制也使垄断难以蔓延，而且粗放的经济意味着大多数人能自给自足，不必因为产品或服务向垄断者支付费用。但之后，古代的垄断开始在现代标准下被改良。

在中世纪时代，欧洲主要城市以行会为特征。这些行会都是在城市地区控制整个经济部门的企业或行业协会。诸如面包师、织工、金匠、医生、律师和放债者等联合组织，它们在每个城市保持价格，排除或惩罚竞争对手。行会就效果而言是垄断性的，但有一些行会还有保护工资和各贸易成员收入的特点。尽管需要支付会员费，但广泛分布于各城市的会员都会从行会获得好处。

以运输技术为代表的技术进步，导致新世界的发现，从而奠定了第一个可识别的大型垄断的阶段。股票公司使欧洲商人可以和遥远的贸易伙伴合作，从而开发更多赚钱的生意，因此其规模迅速扩张，为投资者带来大量财富。其中，最成功的是总部位于伦敦的东印度公司，它主导着印度以及世界其他地区二百年里的贸易。该公司通过获得英国议会授予的法律垄断地位而得以维持其地位，并巧妙地通过一系列政治手段维护其垄断地位。该公司的业务遍布全球，它在获得很多尊重的同时也有很多人对其表示不满。当山姆·亚当斯（Sam Adams）和自由之子（Sons of Liberty）于1773年创立了波士顿茶党时，不列颠东印度公司的茶叶最终只能漂浮在了港口里。

随着工业革命的示范性转变，更为强大的垄断开始出现了。从农村到城市的人口迁移造成了大量不能自给自足的人。毕竟，无论如何，住公寓的居民都不可能自己种植食物。工业化的快速发展带来了许多好处，但同时也增加了企业垄断的规模和价值。被个人拥有和控制的全球工业公司在广泛的领域上获得主宰市场的力量。其巨大规模的显著效益让工业垄断者不断扩展，创造和收集经济剩余。

举一个典型的例子——石油工业。石油开采在19世纪20年代开始于俄罗斯，到了19世纪50年代发展到美国。从19世纪60年代起，实业家洛克菲勒开始涉足并大力发展石油工业，从此开启了他的辉煌时代。他的手段是残酷的，竞争者要么将公司出售给他，要么就面临掠夺性定价的毁灭。到1888年，洛克菲勒已获得超过美国石油工业88%的控制权。公众对洛克菲勒的强烈抗议逐渐增长，巨大的垄断导致了反垄断法的通过，要求洛克菲勒的标准石油帝国解体成33家独立的公司。虽然个人不能再拥有标准石油的力量，但洛克菲勒的巨大财富并没有被削弱。随着时间的推移，标准石油公司的大部分都被重新组装，变成了今天的石油巨头埃克森美孚公司（ExxonMobil），这家公司曾仍是美国最有价值的公司之一。

今天，埃克森美孚公司已经不再是美国最有价值的公司。微软公司的崛起标志着新时代的来临，到2014年底，苹果公司又以2 000多亿美元的市值超过了埃克森美孚公司和微软公司。苹果公司和微软公司都是数据巨头这并不是一个巧合。事实上，可以想象到数据巨头们成为最有价值公司的潜力。只要反垄断仍然松懈，消费者缺乏保护，大数据和各种先进的分析手段就会在充分开发数据的商业价值方面继续大展身手。数据巨头已经建立了一种新的垄断模式。标准石油公司是通过在大范围内获得对标准化产品定价的权力而实现工业垄断的。而数据巨头追逐的是粒度垄断，这是一种前所未有的现象。粒度垄断者决定价格和质量的能力是建立在单个消费者的基础之上的，同时具有实时、覆盖大量人群的特点。这种垄断的规模常常大到难以置信，并且已经威胁到了目前经济的最根本原则——"自由市场"。

当洛克菲勒组建标准石油公司时，该公司实现了对石油的垄断，但却没

第三部分
未来：消费者是否还有机会

有办法深入地了解客户，也不具有实时调整价格的能力。标准石油公司通过有经验地猜测市场的承受能力来确定价格。只要对公司有利，价格就会被改变，但时间却有明显的滞后。标准石油公司需要几个月、有时甚至几年才能找到最适合某一个特定客户的价格。保持追踪物价需要一个庞大的机构，这会降低整个过程的速度。通过利用手中的资源巧妙地进行行业垄断，这位洛克菲勒家族的掌舵人成为了当时的首富。然而，尽管标准石油公司赚了很多钱，但仍然有大量的消费者剩余没有被它吞噬。一个工业时代的垄断者会蚕食消费者剩余，但是在大众市场时代，制定垄断价格的过程就决定了仍然有大量的消费者剩余会留在消费者手中。

与工业时代垄断不同的是，粒度垄断者有了新的机遇。少数粒度垄断者不需要猜测消费者将会购买什么，因为它们早已知道。它们利用这些知识为每一个客户设定价格并实时调价。它们将自己放在有利的位置，与消费者逐一进行交易，赚取不只是一部分而是所有的消费者剩余。我们目前所处的正是世界经济中的一个重大历史转折点，它的意义不亚于当年的工业革命。

自由市场的终结

按照一般的说法，"自由市场"是指一种买家和卖家自愿交换货物和服务以共同获利的经济体制。目前那些自称"微观经济学家"的经济理论家已经得到了数学上的"证明"：自由市场会导致最佳结果。在证明自由市场优越性的过程中，微观经济学家做了一些有趣的假设。这些假设是一个理想化的市场，不仅仅是一个自由市场，而且是一个完美的市场。为了获得自由市场的预期收益，各种各样实际的障碍必须被克服。现实情况离理想的自由市场越远，最终的结果就越差。在极端的情况下，一些市场玩家甚至可以独自从一个不完美的市场中获益，与此同时，数以百万计甚至数十亿的人则付出代价。

首先，一个完美的市场依赖于大量的买家和卖家。由于消费者有意愿和能力购买,卖家有意愿和能力出售,价格就会达到自然均衡。并不需要每个人都真正参与到市场中,只要大家都具备参与买卖的能力即可。当价格浮动时,人们会随具体情况成为买家或卖家。在一个完美的市场中,交易会非常频繁,但是获得高额利润的机会(如低价买进或高价卖出)将会消失。

其次,一个完美的市场没有交易成本。无论什么时候,只要买卖有成本,精明的玩家都会利用买卖成本为自己盈利。房产交易就是一个很好的例子,因为其交易成本相当可观。房子是独一无二的,每个买家的需求也不尽相同,匹配买卖双方并不容易。房地产经纪行业则抓住这一特点,在促成交易的同时收取房价的一定百分比作为回报。美国人理所当然地认为 6% 的房产交易手续费基本是公平的(美国平均大约是 5.4%)。但是,大多数人都不知道这一费用是英国房主所支付的 3 倍,英国的平均房地产经纪人费用不到 2%。每一所房子 6% 的额外费用意味着每个人(除了房地产经纪人)住的房子比他们所能负担得起的房子要小。因为在任何情况下,卖家都不会愿意少收点钱。因此,每个想要买房子的家庭都必须付出更多的时间来积攒这额外的费用。

每次,一个完美的市场依赖于商品化产品。对于完全相同的东西,如果山姆卖 1.02 美元,而苏只卖 1.01 美元,那山姆将不得不降低他的价格。任何时候,如果某一类别的产品或服务发生变化,市场的完美将被破坏掉。这是杂货店有许多明显不同的产品的重要原因。每个卖家都试图让它的产品有别于其他的,哪怕只是闻上去味道的不同。卖家大声宣告其产品的唯一性,使之与其他产品或品牌很难进行一对一的比较。不经常喝可乐或百事可乐的顾客几乎不会注意到两者之间的区别。但世界上有数百万的消费者都在为他们的个性化选择而付出额外的花费。

最后,完美市场的运行依赖于信息。要达到理想的"自由市场",买家和卖家必须知道所有相关事实。如果一方或另一方知道一些其他人所不知道的信息,他们就可以获取本该属于其贸易伙伴的利润。这种情况充斥着二手车市场。车主知道汽车的历史及其问题所在。买家则几乎一无所知,因此常常在不公平的情况下交易。根据一些推测,整个二手车市场很低迷的缘由就是买卖双方的

第三部分
未来：消费者是否还有机会

信息不平衡。在一个完美市场中，买卖双方信息不平衡是不应该发生的。

我们很容易就能意识到现实世界与完美市场之间的巨大差异。尽管消费者有权选择从何处购买，但在大多数情况下，选择实在有限。产品有不同的类型，但每种类型又被细分，同时个性化定制也在不断增加。无论是花数小时搜索网络或驱车数公里在商店间奔波，交易成本都会很高。而且最重要的是，正在不断扩大的消费者和获取数据的公司之间存在巨大的信息不对称。

这种由科技发展所导致的自由市场的崩溃已经开始。股票市场是一个很好的例子，股票市场是有史以来最接近完美的市场。这是一个令人印象深刻的创造，在这里交易的是完美的商品。例如，微软公司每股股票的价格是完全一样的，股票交易后立即会被报道。以前，股票交易员会把价格写在黑板上，或者留存书面价格单。再后来改为电报，然后是自动收报机的纸带，全国的交易员都在这样做。而现在，更是在几分之一秒内，所有价格就已显示在华尔街最流行的彭博终端机上了。

股票市场还有一些其他特性提高它的效率。详细的披露规则要求公司和证券交易商及时发布资料信息。活跃的金融新闻发布体系，包括大型出版物如《华尔街日报》、新闻通讯、博客以及分析师报告对公司本身发布的信息也是很好的补充。各种规则，包括内幕交易的限制和短期盈利的禁令都是为了避免知道内幕消息的人以此获利。在联邦政府层面，美国证券交易委员会雇用了约3 500人来执行证券法律，美国每个州都有相关的法规和工作人员。总体而言，股票市场是迄今为止已有的最接近完美的市场。

但即使是拥有了包括完美商品和大量共享信息在内所有的优势，看似高效的股票市场还是不断受到来自市场运营商的攻击。股票市场最重要的特点之一是交易的实时报告，也就是所谓的"时钟"，它会简单地假设一种股票的准确价格，然后反映自愿买卖双方之间的最近交易。然而，如今私下进行的股票交易日益增多，其细节永远不会公开。技术的发展使大庄家们很容易在公众交易所的"暗池"中对股票进行暗箱操作，会员制的证券交易所中只有被选中的少数人才知道到底发生了什么。当纽约证券交易所显示威瑞森电信公司的股价为 48 美元时,它在暗池中的股价可能会大不相同,但是公众永远不会知道。在一个信息如同黄金一样珍贵的行业中,私下交易为会员提供了一个秘密优势,而公众则永远看不到这些数据。

其他市场参与者依靠速度来抓住机会。利用大型计算能力来获得竞争优势的算法交易可以在眨眼间发生。通过策略性地定位数据中心,电子交易商可以让自己成为数以百万计的交易中介。当买卖出价在全国范围内传送时,一个处于有利位置的电子交易商可以比其他电子交易商早那么几毫秒获得信号,早一步成交。因此,当一个买入指令进入系统时,电子交易商快速执行他自己的买入指令,然后再卖出那些股票进入最初的买家指令,从而立即获得利润。

虽然在一定范围内,资金暗池和电子交易的利润非常丰厚,但这些活动降低了整个市场的效率。最大的那部分利润通常都来源于仅仅是少数甚至某个经销商开发的一些晦涩难懂的新产品,但它们还是会以此为例大肆歌颂金融创新的好处。你甚至能看到美元符号在它们的眼里闪烁。为特定客户定制的衍生品总是独特的。没有市场价格可以参考,因此,消费者只能与经销商讨价还价。消费者看不到其他类似产品的价格,也不知道经销商为了分摊风险将该产品卖给其他求购者时的利润率。在缺乏流动性的市场,消费者只能靠自己,而经销商则掌控一切。

因此,尽管技术为股票市场创造了巨大的财富和效率,但它也可以被用来破坏市场和获取利益。我们想当然地认为股市就是这样,但事实上,没有人知道我们是否已经接近一个所有的电子交易、资金暗池和定制的金融衍生品吞噬普通民众对金融领域信任的临界点。反思一下这么多年来股票市场上的巨大收益。没有人愿意回到 1850 年,当时保罗·路透(Paul Reuter)①是

---

① 保罗·路透在 1849 年设立通讯机构,以信鸽传递消息。1851 年,他移居英国,开始通讯社业务工作,把从欧洲大陆发来的金融、商业信息编成"路透快讯",提供给交易所、银行、贸易公司等,同时也向巴黎、柏林等地传送商情消息。——译者注

第三部分
未来：消费者是否还有机会

用信鸽来传递股票价格的。如今，无论是整体经济还是金融领域都比保罗路透那个时代富有得多。但作为世界经济一部分的金融服务领域，在不断壮大而不是萎缩。这并不是一种衡量该领域总体贡献的公平的方式，也许我们应该暂停宣扬技术在经济交易中的好处。

技术也会用类似的方式破坏其他市场。在大型综合性公司和消费者之间，知识的鸿沟一直在不断扩大。以传统公司通用汽车为例，它比任何一个客户对其汽车产品的成本和质量了解得都更多，而这些，消费者也许永远也不知道。通用汽车公司也知道关于定价的很多事，它们仔细地研究在不同价位出售的汽车数量。像通用这样的老派制造商，只能提供关于产品定制粗糙的版本：想象一下这家公司不同的汽车模型、可选配套和颜色吧。当传统汽车经销商打量潜在的零售客户时，它们也总是对基本问题缺乏深入的了解，比如，这个潜在的客户是否已经一直在其他经销商那里买车。

数据巨头从另一种角度开展业务。它们可以立即从世界范围内的任何卖家那里得到产品和服务，提供给买家。产品定制不是问题。如果客户需要，数据巨头可以为他们找到所需的，或者如果没有这样的产品，就组织人员生产。数据巨头不必猜测特定的客户是否已经在到处采购，因为它们知道一切。数据巨头有一个虚拟实时输入，显示着客户去过哪里、他们在找什么和他们看过的价格。数据巨头有方法组合每一个客户的详细心理描绘图，这张图显示出客户关心的是什么和客户可能会忽略什么。

由于数据巨头在经济上获得不断增强的能力，所以自由市场面临着各方面的威胁。产品定制、不透明的定价和复杂的合同正稳步从它们最初的源头服务业扩展到经济的所有其他领域。最终，商品市场可能会彻底崩溃，当区分和追踪每一根玉米（甚至是一颗玉米粒）的能力，和高频交易及复杂合同结合在一起时，除了少数人之外，它会使大多数人看不到市场价格，每一个大众消费市场都将走向成熟然后消亡，渐渐地，消费者只能依靠自己的力量和超人般的数据巨头进行讨价还价。拒绝数据巨头的交易成本将会增加，因为它们的触角延伸到了经济的每个角落，赢家和输家都由它们说了算。来自公众的一些反抗缺乏广泛性，总体信息不对称增加的速度快到任何个体或普通团体都没法跟上。

如果没有一个新的范例，公众将永远不可能观察那些观察家。像亚马逊这样的数据巨头能增加服务器、存储容量以及比其他非数据行业所拥有的更快的分析算法。新闻媒体、学术界和消费者监管机构的报告总是太慢，因为快速变化的价格和产品使任何面向消费者的分析甚至还没发布就已经过时了。

自由市场经常和另一种缺乏政府监管的形态混为一体，在这种形态下，保守派认为买家和卖家不受立法和规则限制，而自由派认为买家和卖家不被立法和规则保护。目前，数据市场正是如此，几乎完全不受管制。在一定程度上，法规对个人健康记录或银行信息的隐私所提供的保护，实际上是相当有限的。可用数据的总量非常大并且每天都在增加，与此同时，脱匿名化的科学进步也在同步进行着。根据计算公式，在内容足够多时，任何数据碎片都可以和一个特定的个人联系起来。对某些记录加强管理的行为正变得越来越没用。

关于自由市场的事实是，它是消费者、商人和统治阶级联合在一起，并结合人类千年来无数得之不易的经验所特意创造出来的市场形式。结构和管理对自由市场是必不可少的，政府是非常重要的一环，尽管实际上它经常被忽视。自称为自由市场的传道者们常常诽谤环境或消费者保护法规，同时又将政府在创造和资金安全、禁止欺诈及合同的执行中的重要作用视为理所当然，事实上，这里的每一项对现代市场来说都是必不可少的。

到目前为止，数据巨头们已经通过从社会其他企业和消费者那里收集和巧妙地利用数据建立了很多业务并聚集了惊人的财富。政府监管几乎不存在。数据巨头们小心翼翼地保护着自己的隐私，拒绝透露它们的数据采集范围和数据服务目的。得不到这些简单问题的答案，是因为企业在争夺控制权。如果你试图找出谷歌有多大的计算能力，那你不会找到答案。凭借其巨大的规

第三部分
未来：消费者是否还有机会

模，以及它们一边倒的客户协议书和广泛的政府影响力，数据巨头在收集和使用数据方面实行自我监管。市场是"自由"的，只要公众和政府一直在此意义上保持沉默。但并不是说在整体提高社会自由度方面，它是自由的。大数据及其分析技术是有史以来最先进的具有大规模影响力的科技进步，但如果任其发展，它就会像我们能想象的那样毁灭自由市场。

自由市场的终结对宏观经济的影响将会是价格水平的普遍上涨，因为数据的掌控者从中攫取了巨大的利润。对于消费者来说，这就像生活在机场里一样。虽然消费者可以选择，没人拿着枪顶着他们的脑袋。但是，这些选择都将是数据巨头们设定好了的，并且价格会比我们习惯的要高。当你在机场时常常会有这样的感觉。一瓶通常是 1 美元的水在机场卖 3 美元，一个三明治要卖 10 美元。消费者被迫为他们所购买的大多数物品支付高昂的价格，就好像被困在一个过滤气泡中，有时他们甚至自己都未察觉到。对个人来说，还有其他一些重要的影响。当一个人非常需要某样东西时，比如一个肾脏或是沙漠中央的一罐汽油，理论上来说，他会愿意用任何东西去交换。因此，当一个有需求的消费者落入数据陷阱时，普通的价格上涨也会在某些极端情况下变成漫天要价。尽管算不上广为人知，但也不足为奇，现在数据中间商兜售的最有价值列表正是那些被揭露有财务麻烦的人的名单。从企业知道客户的脆弱性和有限的选择这点上来看，到达剥削临界点只需短短一步。要知道，自由市场终结的最终结果是大量财富从普通大众转移到整个经济中最有权力的企业中。①

没有人能幸免于这些影响。事实上，在商业数据革命中，富人的损失比其他任何人都多。大众市场有着标准产品和透明的价格，它把消费者剩余提供给整个社会的所有成员。虽然剩余价值的数量因消费者的富裕程度不同而不同，但在一个给定的价格上，一种产品带给一个富有的消费者的剩余要比给一个普通人的更多，因为，你越有钱，1 美元对你的意义就越小。因此，

---

① 尽管大众市场在 20 世纪创造了大量财富，但数据巨头的优势在于掌握了让少数人繁荣的前景，也可以说是贫穷化大众的一种潜力。

当市场分化为单个的交易时,数据巨头从每个消费者那里攫取剩余价值,而在最有钱人那里攫取的是最大的。试想一下,如果比尔·盖茨真的想在镇上仍然开着的唯一一家饭馆里喝一杯,那么相比一个也非常想喝一杯的普通工人所支付的价格会有很大的差别。

当卖家非常了解一个有钱人时,那么在日常交易中,就能够轻易地涨价。千万富翁会为了买一瓶可乐而多付的几美元跟人争论吗?毕竟住在五星级酒店的消费者会认可一份罐装饮料要10美元或20美元。回想1992年,当时的美国总统乔治·布什正在竞选连任,他因为一个有趣的失态而受到指责。当时一家报纸报道了他在一家超市看到复印机技术而感到惊讶,要知道当时这个技术已经发展了十五年了。这其实不太公平,记者通过臆想给总统背上了一个富人通常不亲自购物的包袱。但如果不是因为符合了大多数人现实生活中对富人们的认知,这个假设的失态也不会引起那么大的共鸣。懵懵懂懂的消费者,尤其是那些有钱的消费者,正是他们为那些大数据运营商提供了谋利的沃土。

数据的积累威胁到了美国模式的根本——自由市场。这并不是说存在了千年之久的市场将会消失,而是说大数据时代所具备的对每个人实时了解的能力,以及控制每个人所能看到的能力,打破了原有的权利平衡。这种变化最后会威胁到市场的自由度。

应该会有法律来保护我们吧。毕竟,我们生活在一个高度文明的社会中,我们受几百年来累积起来的知识和法律的保护。

但可怕的事实是,也许目前还没有消费者保护条例或法律阻止企业从我们身上榨干最后一分钱。只有在紧急情况下,现行法律才会打击哄抬物价,比如卡特里娜飓风发生之后。价格歧视法只适用于企业,而不是消费者。在绝大多数行业中,没有任何法律在消费者层面限制价格歧视,也没有任何法律会反对定制化。除此之外,当你知道美国联邦隐私法律以及1986年制定的《电子通信隐私法》(*Ecectronic Communication Privacy Act*)都没有更新涉及

第三部分
未来：消费者是否还有机会

电子邮件、手机或社交网络的内容时，你就会明白作为消费者，你只有自己保护自己。

反垄断法没有发挥多大作用。由罗伯特·博克（Robert Bork）和其他人引导的一场激烈的智力攻击成功地破坏了反垄断执法的哲学基础。几十年来执法不严和狭义的司法解释已经剥夺了美国的许多反托拉斯法的原有效力。

就目前而言，个人仍然保留了对侵犯隐私的一些保护措施。对于传统信件、语音通信以及对家中的直接观察是会受到限制的。还有一些其他数据，如医疗记录、银行信息，也保留了一些保护。但是，就像人类的盲肠可有可无一样，那些保护已经变得基本上无关紧要。广泛的互联网、电子邮件和电话数据已经不只被政府而且被商业企业获取了。即时通信和7天24小时不间断的商业诱骗人们放弃了比他们得到的远远要多的东西。基于自身的某些理由，政府也早已参与其中了，它们试图挖取各种信息，无论是为了增加公信力，如打击暴力计划，还是消除不安因素，如管控选举结果或是促进商业利益。

私下了解消费者的竞赛还在继续着。企业想在消费者身上提取尽可能多的数据，并在被禁止前建立数据信息流。法律制定者最终醒悟过来时很可能已经为时已晚。一旦这个系统成功建成，企业将会变得无比强大。在没有监管的情况下，谷歌、Facebook、威瑞森电信和其他类似的企业正在冲向终点。这几个美国的技术和社交媒体巨头经常批评美国政府收集数据的行为，对自己的所作所为倒是只字未提。

ALL YOU CAN PAY

第 9 章
数据环保主义

一个世纪前,人们沉浸在工业革命带来的迅速发展中,对"环境保护"一直视而不见,直到环境开始恶化,生存开始受到威胁,人们才开始重视环保主义。如今数据打开了一个新世界的大门,数据巨头们掌握着越来越多的数据,却很少受到人们的关注和限制。随着数据呈现出指数级增长的态势,甚至泛滥,人们需要意识到数据环保主义势在必行。

数据环境的觉醒

一个世纪以前,我们今天所熟知的"环境保护论"还只是一个非主流概念。这并不是说那时候的我们不担心这个世界。其实,科学界和受过教育的广大民众们对于自然界复杂的生态系统及其与人类之间的密切联系的认识一直在不断增强,只是那时还从未有人把环境作为一个单独的主题总结提炼出来。支持和滋养着人类生存的众多无主资源,还没被发现就已经处于威胁之中。空气、水源、矿藏、生态系统、无止境的洋流和大气循环、海洋,还有地壳上漂流的熔岩,这些资源如此庞大辽阔以至于它们被忽视或者毫不被珍惜。城市化和工业化对自然环境构造带来的变化令人痛惜,传统生活方式的逝去

第三部分
未来：消费者是否还有机会

也使人怀念万分。人类对环境变化的加速缺乏基本的了解，对人类活动给全球带来的不可逆破坏也考虑得太少。至于"全人类都怀揣着共识去关怀地球母亲的健康"的信仰更是一个遥远的期盼。

在整个20世纪，科技、研发和产业化齐头并进，国际贸易达到历史最高水平，并且创造了今天紧密联系在一起的全球经济。货物、服务和人力以一种错综复杂的模式和越来越快的效率在全球各地不断移动。电话以及之后的计算机促进着国际商务的发展。与此同时，政治问题一跃超过了传统的本地界限而将影响波及整个世界，在两次世界大战期间尤其明显，冷战期间也差不多如此。地球的每一个角落都被带入了现代化体系。

逐渐地，一个观念上的转变开始影响世界各地的人们。环境保护运动起源于19世纪，一直到20世纪下半叶开始取得巨大的成果。到1962年，蕾切尔·卡逊（Rachel Carson）的著作《寂静的春天》（*Silent Spring*）面世的时候，热切的公众极度渴求对化学污染的解决方案。卡逊在书中假想了一个没有鸟儿和其他温顺动物的未来，生动描绘了一个没有鸟儿甜美歌声的"寂静春天"从而折射出农药和现代化发展给人类带来的威胁。她的书成为了一里程碑式的著作，反映了早期人们对环境的担忧。通过激发人们对岌岌可危的环境现状的重视，并提供了一种全新的解决方案。《寂静的春天》这本书无疑代表了人类对环境保护的新认识。继卡逊的书出版之后，环境保护运动得到了广泛的支持，同时在富有创造力的思考家、政治活动家和政府官员的共同努力，我们的社会与自然的联系发生了巨大变化。

从某种意义上来说，本书的思想其实是环保运动的一个延伸。围绕并供养我们的数据庞大得就像海洋一样。和自然环境类似，虚拟的数据已经变得如此丰富以至于我们的大部分生活都已经沉浸在数据的海洋里。不管是商业、政府，还是艺术和娱乐，数据无疑是世界上增长最快的资源。

像现实世界的资源一样，数据也是始终可用的。几千年来，这一领域都被科学家以及测量和记载这个世界信息的记录员所占领。随着时间的推移，数据的产生也在加速进行。1543年，安德烈·维萨里发表了有关人体的详细结构的文章。同一年，哥白尼宣布太阳才是宇宙的中心，而不是地球。他们共同引发了一场科学革命。从此，数据和信息的膨胀再也未能停止过。大约在1650年，欧洲进入了理性时代。牛顿于1687年出版了他的数学原理相关书籍，拉瓦锡在1778年确认了氧气。1896年，现代化的开端，亨利·贝克勒尔发现了放射性物质，标志着现代化的开端。1947年，贝尔实验室发明了半导体晶体管，为互联网在20世纪90年代的最终发展奠定了舞台。今天，世界上大多数人都已经回想不起信息时代之前的生活是什么样子了。

每一个新的科技纪元都是在先前的理论基础上的一次智力飞跃。现在会思考的机器大幅度增强了人类的能力。信息机器通过其迅速并强大的计算能力，创造了全新的景象。从前，先哲们必须选择是关注问题的细枝末节还是从整体上把握问题的命脉。如今，科学家们在新兴的数据分析技术的帮助下可以一箭双雕：在整体研究大命题的同时，保证对细节问题的准确分析与把握。

与之前环境问题出现时一样，数据世界像工业世界那样为我们带来了巨大的希望。我们站在以前做梦也想不到的知识的前沿。从海量数据集中推导出来的知识优势让数学、医药、物理和工程都有了巨大的希望。

有了大量贯穿于经济、政治、社会学和商业的准确数据，我们可以预计社会科学领域还会取得更大的进步。与科学数据一样，社会数据几千年以来也一直被收集着。根据《新约》的记录，恺撒曾下令在罗马帝国进行人口普查。15世纪时，意大利的放债者发明了现代会计学。英国医生约翰·斯诺（John Snow）详细描绘了一幅1854年伦敦霍乱爆发地图，成功推断出被污染的水源是罪魁祸首。1935年，盖洛普民意调查公司的成立永久地改变了政治选举。

直到几十年前，物理和社会科学的主要进展都还来源于体力劳动。无论是一个在实验室里用显微镜观察计数的科研人员，还是一千名带着笔记本挨家挨户去调查的人口普查员，数据都是人们努力收集、记录和分析来的。收

第三部分
未来：消费者是否还有机会

集数据的过程艰苦而缓慢，研究人员们也为寻找和收集什么样的数据而煞费苦心。但总体而言，全球可用的数据只有极少一部分被手工收集和记录下来。

信息技术还从根本上改变了各个领域的知识。自从1947年晶体管发明以来，获取、记录和分析数据的成本按照摩尔定律稳步下降。摩尔定律是由戈登·摩尔（Gordon Moore）在1975年提出，它预测电脑芯片的性能将每两年翻一番。自那时以来，摩尔定律经受住了长期的考验，计算机的计算速度和精度也取得了重大进展。工业化的影响从点滴开始，但最终使整个地球的生态系统发生了深刻变化，类似地，电子产品的稳步发展也导致了对数据环境的巨大影响。在前电子时代，知晓某些事物对一位野心勃勃的科学家来说已经是其追求的终极目标了。而现在是人类历史上第一次，我们最卓越的智慧似乎能真实地朝着一个意义更为深远的目标前进：知晓一切。

这听起来有些不可能。毕竟无所不知是神的属性，而不是人类所应追求的。但数据收集的范围和规模，伴随着分析速度的提高以及分析的不断完善，已经造就了如此丰富的数据资源，即使被目前的能力所局限，也开始接近了对各个分散科目的全面了解。随着年复一年数据以及计算成本的下降，进步还在持续。

这对于我们社会的影响意义深远，就像人类活动对于自然环境的影响一样。在我们称之为环境主义的人类意识革命之前，我们从没有想到过人类可以影响到整个地球。同样地，直到互联网到来之前，公司也不可能从所有人身上采集到如此隐私并且实时的数据。无论怎样，如今数据环境确实可以和自然环境在重要性和复杂性上相提并论。

数据产生知识是显而易见的，而知识就是力量。如今的问题只在于由大数据所产生的深远影响力会被如何利用。用全景传感器阵列进行巨量数据开采的舞台已经搭好。关于数据的政治考量也很重要，但是数据对商业和经济的影响更高也更直接，经济权力的斗争比起政治变化的结果更像是一切的源头。但如今，社会的普遍繁荣，以及资本和劳动之间来之不易的平衡，已经开始倾斜。从数据中获取知识的黄金机遇闪耀而诱人，但也同时因为不断发生的数据污染、过度榨取等行为而玷污褪色。个人资料，尤其是记录着个人独特秘密生活的详细资料，是公认的私人财产。而为了社会的整体福利，大量的个人数据必须被当作公共财产由值得信任的一方来保管，而不是被当作私有财产被少数人利用并牺牲大多数人的利益。

我们衷心地希望这本书能够激发人们对于数据的环保采取行动。就像最初，我们关于环保运动的想法仅存在于少数边缘思想者身上。普通大众对于资源和生态系统的认知和了解是有限的。天空和海洋往往被人们认为是广阔无边的，人类认为自己可以免费享用这些资源并且这些资源不会被人类活动所影响。很久之前，如果有人向空气和水源排放有毒有害物质，只有当近邻能证明污染造成直接危害的时候才有可能得到补偿。如果危害是潜在的、难以证实的或者是发生在偏远地区，那么只能自认倒霉。这种资源无限的思维方式总是影响着社会。

化学行业的迅速发展和企业规模的不断壮大已经开始对景观、生物和人类造成，实际和潜在的危害，使得这些相对于前工业时代发生了质的变化。物种灭绝、大规模疾病爆发、严峻的环境恶化，甚至全球范围的气候变化都已经一一应验。渐渐地，在富有远见的人们坚持不懈的努力下，公众也已经逐渐了解到随心所欲地向空气或水中排放污染是早晚要出问题的。随着时间的推移，环保运动的成果非常显著。

今天，无论你是喜欢芝加哥河的新鲜鱼肉还是泰晤士河的璀璨星空，我们都可以看出人口密集地区的环境已经变得比一百年前更加干净、健康和赏心悦目了。但是，提升环保意识的过程中仍面临着不断产生的新威胁。例如，虽然经过了几十年的细致研究和追踪报道，仍有足够多的人不肯承认是人类活动导致了全球变暖并威胁着地表生态。因此，环保行动还在继续着。

数据环保主义也需要一个类似的长期努力。与空气和水一样，数据一直在我们周围。它是我们生活的必要部分，是现代社会不可缺少的必需品。而

第三部分
未来：消费者是否还有机会

与污染一样，数据环境的挑战归根结底是一个规模的问题。当邻居养猪的时候，臭气熏天的粪便会越过地产的分界线从而影响到附近的人。这原本是一个小规模事件，并随着时间发展可以采取法律赔偿措施。但是，如果你家附近建了一个工业化农场呢？大规模集中养殖的养猪场容纳了五十万头猪，每天都在产生巨量的垃圾废料。废物处理池所散发的气味是不容忽视的，影响的范围也更广。这不仅仅是一个单独个体侵害另一个体的问题，而是一个综合商业组织为了其自身利益而侵害众人的问题，这是一个环境问题。

同样的法则也适用于数据。一直以来，总有人出于一些目的聘请私家侦探收集他们想要的人的个人资料。跟踪、拍照、翻垃圾都能得到大量信息，但那是非常艰苦也非常昂贵的一项工作，除非有非常重要的原因，否则不会轻易去做。它也可能会适得其反，比如说调查者调查过了头，或者是被目标发现，然后采取了相应的措施。

手工采集和使用数据在某些特殊情况下是非常重要的，但是对于大多数用途来说就显得过于昂贵了。我相信绝大多数人都从未和那些私家侦探打过交道，以后可能也不会有。但是，小规模的数据调查已经过时了。如今的数据资源非常大，而且每天都还在增加，采集数据的能力也相应地呈爆炸式增长。不断扩大的全球通信系统网络和联系使得人类不仅仅可以收集大量数据，还可以在同一时间对数据进行组合、合并和操纵。这是历史上第一次，至少在理论上，一个个体单枪匹马就可以收集所有可能存在的数据，实时更新，并且以超人般的速度透彻地研究处理。除了一小批科学家和网络工程师以外，现如今的系统和软件的复杂程度已经超越了大多数人的理解范畴。世界 70 亿人口中，没准只有一千人能完全搞明白这些数据巨头运行的全球系统。

数据引发了人们新的环境担扰。现在收集、保存和深入分析一个人的所有数据成为可能。而这种可能性却开启了对社会新的危害和带来弊端的可能，从我们的 DNA 序列到我们的网络浏览历史，个人数据其实就是一幅描绘了我们到底是谁的私人画像。它不再是某一事物的一部分或者是一个无聊的、不能进入统计的投影，而是渗透到个人生活的数据。从很多实际用途来说，数据就是我们的环境。仅用肉眼来看可能无法理解，但那些机器记录下来的 1 和 0 确实展现了我们的各个生活细节，不管是有趣的、悲惨的或者还是猥琐的。

而这一切都是实时发生的，不断更新和远离着过去几乎完美的记录。高速发展、实时变化的万维网终于可以宣称自己完成了一个古老的梦想：人工智能的创建。拜数十亿匿名用户的创意和科技投入所托，互联网的规模和复杂程度已经超越常人的理解。但是，巨大的、功能强大的机器在这错综复杂的虚拟现实中正以魔法般的速度不断搜寻和返回人类查询指令的答案，并挖掘出人类自己也没想要公开的意图。

对世界上大部分人来说，谷歌搜索（或者其他类似的、谷歌竞争对手的搜索引擎）是他们用以探索和评估世界的一个镜头。如果有什么东西是谷歌或者其他竞争对手的搜索引擎显示不出查找结果的话，那这个东西实际上就真的是找不到了，如果找不到的话，那它就可能确实不存在。如果一个人不在 Facebook 上，或者一件商品在亚马逊上买不到的话，那对于千万用户来说，那个人或者那个商品就是不存在的。

人类智能将延伸到一个丰富多彩的虚拟世界中，并改变我们对于世界、自然甚至是彼此的认知。人类与外部世界通过两种方式进行互动：一种是通过我们的五官直接感受，另一种则是通过各种媒介，像写作、录音、电话或者电视等来间接交流。从新石器时代的洞穴壁画和象形文字开始，传播媒介就占据了我们越来越多的注意力。如果从洞穴绘画开始，把整个传媒技术的发展路径描绘下来的话——从 4500 多年前的第一个象形文字，到 2000 年前纸和印刷术的发明，到 1000 年前活字印刷术的出现，到 200 年前的廉价报纸，再到第一部电影、第一条广播，然后是电视、网络的到来——我们可以从中看到两个清晰的趋势：一是数据的产生随着时间不断地增加；二是人们花在与数据互动上的时间及其占我们生活的比例也在同时增加。

第三部分
未来：消费者是否还有机会

数据环保主义

在世界各地，环保理念已经渗透到了社会当中。对污染进行约束、保护未开发的土地、分区限制、保护濒危物种、回收再循环、能源效率等这些名词已经是现代生活所接纳的元素。如今大多数国家都认识到意义深远的环境挑战：气候变化、人口增长、物种灭绝和栖息地的破坏。

通过艰难繁重的政治历程，绿色环保主义最终成为共识并得到越来越多的人的支持，而且落实到了法律上。只有当越来越多的人了解到科学事实并有了相同的顾虑，这种认识才能逐渐在学习过程中建立起来。这不仅仅影响了人们现在的行为，也影响了我们对未来人类进步的思考方式。

与此相反，数据环保的观念还处在相对初级的起步阶段。像乔治·奥威尔（George Orwell）这样的20世纪作家为我们搭建一个框架，即在极权主义政府环境下去思考数据。但是到现在为止，隐私仍然不是商业和经济上所关心的问题。大多数人还认为只有政府具备大规模监控的能力，而且也只有政府能从轻微调整数据成本中获利。但现在情况已经变了：大规模获取和使用数据的成本不断下降已使得各种远超过政府规模的商业成为可能。大量商业数据带来的威胁远比潜在的政府滥用数据更为严重。商业机构天生就代表了维护自身利益而对普通民众无需负责。反对政府入侵个人隐私的宪法和法律保护并不适用于代表其自身利益的公司。

自从爱德华·斯诺登（Edwerd Snowden）带着多达65 000个机密文件从美国国家安全局离开时起，人们就再也无法忽视政府数据收集的惊人范围。但是斯诺登所披露的最重要的细节是国家安全局（NSA）大部分数据的来源——商业实体。事实上，数据巨头们在某些方面所拥有的数据比政府机构还多，但在运营方面的监管和限制却很少。

保护个人数据的环保行动要从教育开始。公众必须被告知被收集的数据数量，这些数据又将被如何开发利用。下一步是要考虑这些数据对公司、对员工、对消费者的影响，并了解大规模数据收集的发展方向。建立一些保护组织不仅是必要的，而且还应该是持续不断的。要知道自然环保运动也是早在其获得资金和影响力之前就已经开始了。塞拉俱乐部（Sierra Club）的成立可以追溯到1892年，接着全国奥杜邦学会（National Audubon Society）诞生于1916年，这样一代代相传下来，直到1970年，环境保护局（Environmental Protection Agency）正式建立。

但入侵数据环境的步伐可比当年入侵物理世界的步伐要快得多。创造数据的速度也比全球GDP的增长速度要快得多。如果数据环保运动也要费时100年的话，那么在产生能与数据环境问题相抗衡的砝码之前，我们的社会也许早就发生巨大的变化了。但也不至于绝望，同样的网络既能让大数据玩家收集信息，又能支持从短信到Twitter等范围广泛的人际交流。因此一旦人们有一定的觉悟并且积极性被调动起来，人们就能够在短时间内就能组织起来并采取行动。

不同于传统的环保运动，数据环保运动难以被具像化。当年安塞尔·亚当斯（Ansel Adams）和加伦·罗威尔（Galen Rowell）拍摄的美丽的自然风景照片极大地感染了人们的情绪并促进了人们环保意识的提升。得益于那些引人注目的视觉表达，数据环境这一抽象概念很难在这个图像饱和的时代被表现出来。对于今天的艺术家、电影制作人、摄影师来说，这是一个艰巨的挑战，但也是一个巨大的机遇。纪录片、新闻和所有书面媒体都是至关重要。戏剧和纪录片导演可以讲述企业如何利用数据的故事，小说则可以激发对数据环境问题的更深层次的知性理解。成功的数据环保运动将取决于充满活力和富有创造性的传播者是否愿意接受数据环保主义的基本关注点与概念，以及那些掌握商业媒体大权的编辑、出版社和制作人是否被环保运动所打动。

环保主义从一开始就充满了争议，直到现在也是如此。在规则放松或不存在的情况下，那些获利的经济势力会猛烈地评击环保主义。大批权威专家会靠着声称环保条例"缺乏效率"而谋求生路。媒体也会试图掩盖故事的两面，

第三部分
未来：消费者是否还有机会

轻信对环保主义的批判。

尽管那些强大的力量威胁着环保主义的每一步发展，但最终环保主义还是席卷了整个世界。虽然京都议定书和碳排放限制（在美国）暂时触礁，但是环境保护局及其所代表的环境利益并没有轻言放弃。尽管存在不少困境，但环保主义像节约主义和公共安全等话题一样，已经有了切实的成果并且越来越深入人心。

数据是一种资产

数据到底是什么？我们可以引用字典上的定义："收集事实或者统计数字，用于参考和分析研究。"但是，这并没有更深入地回答这个问题本身：数据究竟是什么？数据是不是一个仅仅存在于人们思维中的抽象概念？或者它有一个具体的存在形式——手写纸或者打印的清单、录音、录像和书籍？那么电子数据呢？芯片、虚拟世界中的文件和软件是不是数据？

这些问题当然是有答案的。数据总是有其物理属性的。书和黑胶唱片中记录的就是数据，而且这些数据是有形的。电子文档也具有物理属性。它们看似抽象和虚无缥缈，但是从微观角度看来，这些电子数据都是通过蚀刻或电磁的方法记录在矿物、塑料或者金属媒介之上的，它们有着真实的物理形态。就连人类脑中最抽象的想法和记忆，其实都是具有切实的物理形态的。我们的大脑真真实实地存放在我们的颅骨之中，尽管它的工作方式复杂而无法捉摸，但是我们确切地知道大脑的多个部位都和我们的记忆、情感和逻辑相关联。因此，数据不是抽象的，无论它以何种形式存在，它都有着真实的物理形态和载体，它是真实有形的。虽然不太明显，但这确实引申出了一个命题。

如果数据是有物理性质的，那么所有物理存在的东西都可能是数据。这不是非常明显，但是所有的物体——岩石、树木、山峦、空气，甚至思想，都是由具体的物质构成的。物质的每一种排列是不是都能构成数据则是另外一个更为微妙的问题了。坦白地说，答案其实是在旁观者的眼中。一本书可以包含人类测量或记录的数据。一块岩石也包含数据，但是，除非这石头被人为刻意地塑造或是改变，不然没有人可以给它所呈现出来的数据署名。也就是说，如果无法被理解，那石头就只能说是由上帝或是其他深邃的自然法则所创造出的天然杰作。

但一旦我碰到了那块石头，它就是属于我记录的一部分，它也就变成了数据。这么说吧，我拿到了一些大理石碎片然后拿这些雕刻出了一个荷马半身像。假设大理石是我合法得到的，那么这就是我的岩石、我雕的半身像，我的"艺术品"。我可以把它卖掉，把它出租，也可以把它锁起来，别人没法把它从我这儿随随便便夺走。那么我为我的雕像拍的照片也是一样。我的手机以一长串1和0的电子形式记录了那张图片，并将记录"雕刻"在金属和硅电路上。那张照片也是我的，你不能想拿就拿走。

把我的一块岩石变成我个人的"数据"是一个有意识的转变。当我无意中把岩石变成其他什么东西时会发生什么呢？如果我一不留神将一块石头踩成两块呢？那还是我的数据吗？

其实答案是肯定的。尽管我不想破坏岩石，也没意识到我踩的那一下就会导致它裂成两块，但岩石确实是因为我而裂开的。在充分的背景下，别人可以从破碎的岩石看到（至少可能看到）我无意中留下的痕迹。一方面，这个裂成两块的石头记录了我曾经来过，碎片的位置也指示着我行进的方向。裂口表面的化学物质可以辨别出它在空气中暴露了多久，实际上也就记录了我什么时候来过。岩石上的微观结构和断裂的几何形状能大概暴露了我的体重。与岩石周围的统计比较则能透露出更加有用的信息。观察哪些岩石发生了移动和哪些岩石发生了粉碎，就能看出我的鞋号尺寸，没准还能看出来是哪种类型、哪个牌子的鞋。多个脚印能分析出我走路的速度、这段旅程的起点和终点、步态，甚至一些关于我的骨骼结构和运动方式，因为我的步伐形态是独一无二的。所以假如有充分的背景信息可以利用，也许仅仅从这几个

第三部分
未来：消费者是否还有机会

足迹中，仅仅从这几个我无意中留下的数据中，便能获知我的名字。

上面这个故事的逻辑会推导出一个有趣的概念。在通俗意义上，数据并不意味着整个物理世界和宇宙。数据是"一切"的一个子集。它是反映人类渴望了解的物理模式的一种，是知识的来源或基础。然而，有趣的是，知识可以从每一件事中获得（甚至是从什么都没有，或是不存在的空间中获得）。以我脚下破碎的岩石为例，那破碎的岩石和前因后果的涟漪从简单的一小步传出，却能到达宇宙的尽头。我这块小小的破碎的岩石没准能治愈癌症或是引起世界大战（至少在理论上可以，如果读者能允许我小小荒谬一下的话）。正如俗话所说：一只蝴蝶的振翅可能会引发一场飓风。

每一件事都会影响到其他的一切，物质的每一个元素都与物质世界的其他部分有着或多或少的联系。每一个事实都有一个物理的表现，每一个都成为现实中不断变化着的万花筒。这里的每一件事都是数据。因此数据不是一个抽象的概念。甚至"虚拟"数据都是拥有物理形态的，每一个数字化记录的背后都是一串被复杂地编码到硅、金属、塑料上的0和1。每一个原子和电子，无论是在芯片的晶体管中碰撞还是在存储器电路中静止，都是一个独立的物理对象。不管有多微小，数据的量子元素都可以被看到、摸到、移动、称重，也可以被拥有。

实质的物品，尤其是那些我们能随手获得并投入使用的物品，都是可以被拥有的。那么数据也是如此，并且数据的拥有权应该非常关键。所有数据都是一种财产。

过去，我们并没有这样看对待数据。小数据模式将数据划分为两类：有价值的和没价值的。有价值的数据是非常珍贵的数据集，比方说一个机密的化学配方或制造工艺，它们就可能被认为有极大价值。接触权限会被限制，也会针对防止机密泄露而采取特殊的防护措施。即使是不相关联的数据的集合也可能被保护起来，例如大范围的客户名单，或者文学作者的文字等。单单一个客户的名字或是单独几个印刷字本身并没有多大价值，但是一个精心组织起来的汇总就会变得十分有价值。有一部分法律就是围绕着这些机密和原创作品制定的，它们被归为知识产权。知识产权能够以确认的价值来流通，在某些情况下，可以进行大笔买卖。

所以在小数据模式中一些数据被称作"知识产权"，而另一些则没有。我们日常生活中不断产生的数据好像一点价值都没有就被处理了。小数据模式并没有假设数据能被超大规模的形式收集并储存下来，单一的数据因此被视为毫无价值，因为人们根本无法将这些数据摆放在一个让它们拥有价值的环境中。这种日常信息被当作免费和几乎无法获得的资源。当信息技术开始捕获收集这些数据的时候，公众都为能了解更多知识和享受新服务这一前景感到开心，但很少有人去考虑这将对未来产生的影响。

与此同时，芯片制造商们不断沿着摩尔定律的曲线前进。曾经看起来遥不可及的设想如今已经近在眼前，数据存储能力正夜以继日地不断发展。巨大数据集的粒度知识让经济系统的决策者们掌握了深刻而透彻的知识。那些数据巨头作为中间商了解买卖双方的一切，而且对他们分别定价，这让买卖双方都处于巨大的劣势之中。大数据所具备的能力不仅从消费者身上获得利益，同时还从能制造者身上获益。

事情本不该如此，我们拥有选择的余地，我们必须制定一个框架用于评估个人数据到底该掌握在谁的手里。这并不是一个简单的问题。在小数据模式下，一个人在公共场所所做的事情是公开的，一个人在一家商店里做了什么是那家商店可以拿来合理研究的东西。但现在这不再是一个正当的命题了。数据巨头们实际上是跟随着我们的整个人生，记录着我们的每一步，从我们在商店里（或是网上）做了什么，甚至到我们在家里做了什么。这可不算是小数据模式了。这就好比雇用了一名私家侦探去跟踪一个人，拍照、录音、监听电话、检查邮件，并且过滤垃圾。这已经不再是单单记录一件事情了，这是在记录所有事情。这也不再是公平的博弈，因为对经济行为的深入了解已经造成了巨大的信息和市场力量的不对称。全景视角、细致入微的观察以及不可磨灭的记录，这些结合在一起，就创造了一个以前无法想象的东西，

第三部分
未来：消费者是否还有机会

我们称之为"泛隐私"（Panprivity）。泛隐私指的是资本雄厚的企业通过大量观察，实时了解所有人的几乎所有事，并且还永远不会遗忘的情况。

在我们古老传统的观念中，隐私是一种个人谦逊的表达，就比如我们在陌生人面前脱衣服会感到不舒服。然而，现如今在机场高科技面前，即使是最基本的隐私权也已经沦为了牺牲品。毫米波扫描数字化地卸下乘客的衣服，分分钟就详细观察并记录下乘客的体型轮廓，在这之前，这只是在科幻小说中出现的场面。我们身体的形状难道不是我们自己的财产吗？难道另一个人或公司可以随随便便就得到这个图像然后宣称图像归他所有？而且可以任他用于任何目的？

答案应该只有简单的一个字：不。任何公司不能就这样拍了我们一张裸体的照片，然后把它卖给其他什么人或是为了自己的目的而使用这张照片。一个人裸体的形象应该由他自己掌控。它是私有的，是一种财产。除非得到了特殊允许，任何其他拍了照片或者记录这种私人形象的行为都算是一种盗窃。

这些数据巨头们获得许可了吗？它们当然会说是。在它们的分析中，拍照或是记录用户数据并不涉及财产的转让。公司会说，它们所收集到的数据是它们自己的创造品。不过这有点误导。如果你拿了一张未经授权的图片，比如一张详细说明了公司隐私事务的复印件，那你肯定要承担被以类似窃取等罪名起诉的危险。公司和政府会采取严密的预防措施来保护它们的数据。想象一下访问亚马逊、Facebook 或谷歌的"私人"数据的后果。能得到访问权限算你幸运，但如果你够聪明能进入系统的话，你应该预料到一系列指控你窃取的诉讼。为什么同样的规则适用到个人身上就完全不一样了呢？显然，我们每个人都有私人数据，你也可以叫它"知识产权"。数据巨头们不该拥有复制我们知识产权的能力，何况它们还声称那是它们的。

对我们的生活"泛隐私"式的记录岂不是比一张裸体照片更具暴露性么？毕竟它包含了我们非常隐私的信息。我们会和拍我们裸体照片的公司激烈争论，却对那些收集我们生活数据、记录我们去过每个地方以及做了什么、写了什么和谁交流互动的公司无动于衷，这样真的合理吗？我们应该得出的结论是：数据是一种财产，是私人的，它应该被它所描绘的人拥有。这意味着你所有的个人数据都不属于数据巨头们，它应该属于你自己。当公司记录你的私人信息并将其占为己有的时候，它们是在窃取你的财产。我们迫切地需要一个对于我们个人数据所有权的新的解释。公众必须把个人数据当作个人财产看待，而不是把它当成一个可以被公司记录并被声明是企业资产的免费游戏。

ALL YOU CAN PAY

第 10 章
唤醒消费者

面对先进和强大的大数据技术，消费者们必须联合起来维护自身的权利。数据是一种属于我们自己的资产。消费者不光要从意识层面上觉醒，更需要学会从法律层面上维护自身权益。政府也应该制定相关法律来保护消费者，未来的一切取决于我们现在的行动。

到目前为止，公众可以看到大数据对商业的影响似乎是琐碎平常的。例如有针对性的网络广告，消费者今天在网上查询了电视的促销信息之后，转天就会在网上不断看到关于电视的广告。虽然在这个过程背后的技术非常有趣，但这个结果相当令人失望。广告的相关性带着纯粹而冰冷的机械感，没有表现出多少智能。它意识不到消费者实际购买的产品既不是收藏品也不是需要频繁替换的商品，人们不会买了一台电视之后立马再去买一台。尽管大数据具有不少潜能，但迄今为止的结果看上去还差得很远。广告商还分不清谁刚刚买了东西，而谁又没有。

有几种因素能限制对消费者剩余的淘金热。首先，可用数据的规模庞大，非常难以管理。在众多杂乱数据噪音干扰中，分离出有用的信息既是一门科学又是一门艺术。当谷歌公司首次公布它的流感趋势项目时，它吸引了一大批渴望了解大数据预测能力的观众的关注。谷歌 2008 年发表在科学杂志《自然》（Nature）的论文描述了 45 个搜索关键词与相关区域流感病例的间接测定之间的相关度高达 90%，这个结果令人震惊。对于大数据分析如何能准确、轻松、实时地回答看似不可能的问题，谷歌公司给出了诱人的惊鸿一瞥。似乎这是一种能够预测未来的趋势，但只是有一个问题：它并不那么管用。接下来的几年显示，该流感趋势小组使用的技术并不比传统的"小数据"预测方法更加可靠。令许多人失望的是，这里并没有具体的、公开可验证的证据来表明大量不规则的数据能产生不同凡响的结果。

将不同来源的数据进行比较是一个艰巨的挑战。谷歌流感趋势使用了手头已有的数据——千百万用户输入的谷歌搜索的实时反馈。但是数据的浩瀚宇宙远大于此。从所有来源获得的数据池总和要比谷歌搜索关键词的输入大上许多倍，而且那些数据是以不同的形式存储的，并且提供了不同程度的精确度。以消费者调查为例，这是一个关于个人资料的丰富来源，但将它们与数据世界的其他数据相互关联起来可不是那么容易。比方来说，消费者的名字通常都不是独一无二的。日期和时间也可能非常模糊。自我描述的信息则更是模棱两可、错别字连篇、措辞古怪、有错误、毫不相关，甚至压根就是一个谎言。

在实践中，数据科学家们会发现自己为了进一步的分析而花费大量的时间"清洗"数据集。重复、错误和虚假的数据被删除或纠正，格式也在艰苦的过程中被统一。这是多大的讽刺啊！在当前的数据科学研究中，为了充分利用分析工具的强大功能，许多准备工作仍然需要我们手工完成。像工匠手艺一般的技巧和精耕细作的努力是必不可少的。最好的数据科学家在本质上仍然是工匠和艺术家。

然而还存在一个更基本的问题：数据毕竟是过去的记录。即使是实时数据的发生也至少需要片刻时间才能检测到并记录下来。仔细观察任何历史记录都会给我们带来重要的启示，但也会导致误解。正如统计学家所说的，相关性不是因果关系。因果关系作为一种我们所渴望的深刻认识，其实是一个棘手的课题。

第三部分
未来：消费者是否还有机会

人类有一种与生俱来的能力去理解事物的起因。这种能力从一出生就具有，它既复杂巧妙又相当准确。实际情况是，我们对于因果的这种概念是非常有用的。个人生活和整个社会都建立在因果关系的合理假设上。就像重力会导致物体坠落，笑话会导致人们笑。

然而在深层次上，事情的起因是永远无法揭晓的。人们不会怀疑重力的存在，自从万有引力这一理念诞生之日起，人类就十分确信这个理念，但这不代表每个人都理解了其背后的原理机制。说有一种叫"重力"的神秘力量使得牛顿头上的苹果从枝头掉落到了地上，这很容易，但是解释重力到底是什么、由什么组成、如何在一段距离外起作用或者是什么导致了重力本身，这可不是一件简单的事。这些抽象的答案能难倒我们中最有才智的那些人。相反，我们只是在每一天的生活中观察那些在人类历史中出现的完美关联：只要东西被抛出，它就会跌落。每一次都是如此。

不过，重力徘徊的地方往往也是经验主义确定性不足的地方。毕竟我们无法在隔离重力的情况下，用科学方法来比较一个有重力和另一个没有重力的测试管。我们只是不停地扔苹果，只是它们到目前为止一直都会往下掉。

像买卖交易、经济增长这类涉及人类行为的系统，远比重力要复杂得多。和重力一样，人们没法完全地解释清楚人类行为。有很多复杂的因素牵涉其中，关于人类行为的知识往往更趋向于经验主义而非实验主义。用科学方法对人们进行对照实验是不切实际的。反之，我们研究我们的经验。这意味着我们研究历史，特别是历史上的关联。实际上，我们所有的关于人类行为的知识都来自于对历史的关联观察，而不是来自科学实验。

我们理解的是人类行为的原因，还是经济表现的原因呢？纵观历史，人类获得了经验，也得出了结论。但在任何两件事情中找到一个历史性的关联并不能揭示其中的原因。就像下雨的时候地面总是湿的，但这并不意味着潮湿的地面是降雨导致的。经济衰退期间失业率上升，但这并不意味着失业导致衰退。

大数据从本质上来讲就受到了限制。预测未来事件是很困难的。尚未发生的事情没有数据，因此没法研究它们。历史记录为未来事件的预测提供了大量的资源，但不可能有完美的预测。新的现象通常具有突发性质，这对于过去的研究是无法预料的。

虽然是这样，但也不能认为大数据会在这种限制下什么影响都无法造成。数据一个有趣的特点是，随着数据量的增加，从数据中获得的知识也增加得更快。我们可能无法解释重力，也无法解释为什么消费者要购买牙膏。但是当我们以电子的方式实时观察到上百万个苹果都在坠落，或者上百万的消费者都在购买牙膏的时候，我们就获得了超越常人观察力的知识深度。把每一管牙膏的来龙去脉放在数据宇宙的特定时间和地点时，就能一目了然地观察到其他存在的牙膏在同一时间发生了什么，这确实可以提供很深的见解。只要有足够的数据和计算能力，因果关系的奥秘就变成了纯粹的统计问题。随着时间的推移，问题也就可以解决了。

科技正在稳步发展，随着可供选择分析的数据和可用的计算资源越来越多，原来不可能获得的答案最终也会轻而易举地得到。如果目前的趋势能继续保持下去的话，数据巨头们从它们所收集的数据中获得非凡的知识也只是一个时间问题。当然，目前的趋势是无法确定的，而且摩尔定律也不会永远保持。物理学家一直在推测数据处理的极限，而所谓的贝肯斯坦约束（bekenstein bound）就假设了一个符合宇宙的计算能力的上限。毫无疑问，我们离那个上限还远得很，而且我们甚至不能肯定这个上限是否存在。但大数据是确实存在客观限制的。数据不是无限的。真正的全景式传感器并不存在，所有的系统也不是互相联通的。在进行大数据量的计算时，可用的计算机芯片数量也是有限的。

那我们到底应该期待什么呢？我们应该相信数据科学的局限会永远压倒其看似神奇的潜力？还是相信数据科学最终能回答以前看来非常棘手的问题？本书的任务不是在这方面提供一个严谨的答案。相反，我们希望能提供一个有说服力的答案。这是概念，一个完整的答案和够好的答案之间的区别

第三部分
未来：消费者是否还有机会

就是去理解为什么数据科学实际上产生了意想不到的结果的关键。只有大型机构才能拥有的异常昂贵的系统会带来数据科学上的收益，而那些结果将会永远地改变市场的本质。

如果只是为了占有越来越多的消费者剩余，数据巨头完全不必透彻地了解人类行为的深层原因。数据巨头所需要的仅仅是一个优势。就像赌场里的玩家一样，消费者是在和庄家赌，而庄家会按它们自己的优势来制定规则。如果有人"赢"了，得到了什么额外的折扣或抢到一笔划算的交易，那只是游戏的一部分而已。因为平均而言，一点一点地赢下来的还是庄家。庄家的优势是统计上的优势，而不是每次都赢。

我们都知道数据巨头们能获得的数据是非常丰富的。我们也知道如果数据被放到一个熟练的调研员手中的话，他可以从中获得有关个人非常具有商业价值的信息。将这一研究过程自动化是完全有可能的，而且也是现在正在进行的，科学一直都在进步。

这给我们带来了一个最终的问题：何时？假设到了那个时候，每个人都接受并承认数据科学能带来不同凡响的结果，同时那些结果也把大众市场都变成了历史的尘埃（不考虑任何对抗性改变的话）。那这两个命题可能都是成立的，但是如果数据科学的发展速度需要几个世纪来逐渐显露的话，这对于现在就没有什么意义。即使人们承认我们现在面临一个大问题，那这个问题能有多急切呢？

我们来尝试一个思维实验。假设现在摩尔定律被打破了，电子科技不再有任何进步。所有关于数据和计算能力的进一步增长将是一个线性变化的问题，在现有工具的基础之上开发更多的能力。那么会不会有这样一个疑问：现如今的数据是否已经丰富到了一个能使数据巨头拥有绝对优势的地步？现如今的数据已经包括了我们的位置信息、我们的文字和通话记录、我们的网页浏览历史、我们线上线下的交易记录，以及数不清的许多其他历史事实和观察。很明显，现在的数据已经够丰富了，至少足以威胁到消费者剩余的一部分。

那么现在的计算能力跟得上么？这是一个更难的问题。现在有很多可用的计算资源，但是消费者剩余提出了一个非常大的计算挑战，大到看起来几乎不可克服。让我们来看一些事实。一个非常可靠（尽管不完美）的财富收入指标是房产。全球大部分房屋的估值都已经被广泛建立起来而且在网上很容易获得，尽管准确度不高。消费者的身份和地址对于数据巨头来说也是易于获取的。因此把房子和人联系到一起建立成一个数据库几乎是一件微不足道的小练习，虽然无法做到完美无缺但一定非常有用，因为这反映了几乎所有消费者的财富。仅仅掌握这些信息就足以驱动一个智能实时定价系统引擎，这个引擎可以从那些被认为更有意义的人身上榨取附加价值。这当然会有些个别的失误，巴菲特住在一个普通的房子里，他愿意为他爱吃的一种汉堡包付出高价，但是系统并没有收他那么高的价格；而一个比弗利山庄的住家女佣将会在网上浏览铺天盖地的奢侈品广告，而事实上，她根本无力支付那些为电影明星专设的天价。但平均而言，大多数人购买商品时都会支付一个与他们的财富水平合理相当的溢价，仅仅是为了方便不必出门四处购物。他们有些可能会意识到他们支付得更多，但他们还是接受了这种对他们来说适度的花费，因为这不用花费宝贵的时间再寻找替代品。

从数据巨头的角度看，获取更多的消费者剩余不是一个棘手的问题。局限性是在实际操作层面而不是理论层面的。这需要更好的软件和更多的经验，但不需要根本性的突破或未来的技术。这里还需要一件重要的事情，即摩尔定律不能崩溃，而且至少在很长一段时间里都不会崩溃。大型厂商已经拥有蚕食经济剩余所需要的所有工具：资金、智慧和实物资产。它们收集和使用数据的能力还会继续加强。因此，我们认为关于最后一个问题"何时"已经有了答案。答案就是现在。

到目前为止，我们还没有提过对数据巨头的另一个限制。从某种意义上来说，这才是本书的主题。这是因为对数据科学不间断进步的另一个限制就是你。大规模数据收集需要数以百万计消费者的参与意愿。不管怎样，消费者到现在为止都还在热切地合作着，这些合作是数据巨头们用操纵性手段来获得的。"免费"服务，像电子邮件、搜索引擎和社交网络等必须提供足够

第三部分
未来：消费者是否还有机会

的价值，消费者才会使用它们。这些服务提供了一些实实在在的好处，这是事实。但正如经济学家所说的那样，天下没有免费的午餐。这其中所包含的交易，数据巨头们不会提前坦白。作为使用这些服务的交换，数据巨头们获取了你的数据和一个利用这些数据的许可证。

大多数最大型的网络服务一开始都是"免费"的。愿意付费使用服务的客户少之又少，"免费"是一个非常有吸引力的噱头。但是一定要记住这些用户并不是什么都不用付出就能得到这些邮件、搜索引擎、社交媒体的好处的。他们只是没有花钱而已。他们以数据的形式来支付，而数据这一宝贵的财产之后又被数据巨头们一遍又一遍地兑现。最大的消费者互联网服务建立在一个类似于债务的模型之上。Facebook 为你提供服务，实际上是你用你的数据赊了账。Facebook 就拿到了你的数据，然后通过数据科学的炼金术收集你的剩余价值，继而逐渐赎回债务并一路盈利下去。所以用户们实际上还是支付了，只是很难去界定这个价值而已。想一想，尽管 Facebook 不像其他一些公司那样挣很多钱，但投资者们仍然认为它是一笔巨大的财富。如果投资者是正确的，那股票的价值总会是来自什么地方的。那个地方就是你，而"怎么来的"就是数据。有趣的是，企业称消费者们为"用户"，其实很难说到底谁是用户，谁是被利用的人。

一旦网络巨头们将消费者们引诱上钩，之后再切换的成本和麻烦就会增加。最终服务供应商会俘获一批既有依赖性又不需要高水平服务的用户。如果想让这些用户倒戈，其他任何竞争者需要提供更明显的价值，当然这总是可能的，但困难的是它们的市场地位，谷歌公司和 Facebook 等数据巨头的财富和资源是难以被克服的障碍。与其面临后起之秀的竞争，它们宁愿花费上亿美元来购买那些潜在的竞争者们。它们的规模赋予了它们无与伦比的优势。

消费者所拥有的选择一点也不吸引人。消费者用户协议一点商量的余地都没有，要么你全盘接受，要么你就别使用这些网络服务。在现在这个越来越"联接"的世界里，要想离开网络可不是什么太好的选择。举例来说，就算一个客户离开了 Facebook，他也不是离开了互联网，他只是从一个数据巨头转到另一个而已。

有一些服务会承诺用户一定程度的匿名隐私权，这也许是能抵挡大批量数据采集的一种潜在方法。这是一个很好的主意，但不是解决办法。真正的线上匿名在现实中是不可能实现的。即使是像洋葱浏览器（Tor）这样为网上通信设计了巧妙保护的服务商也很容易受到攻击。而且和任何其他组织一样，尽管洋葱浏览器对公众保证不与其他利益方共享数据，但它还是会受到自上而下的渗透和影响。在爱德华·斯诺登的时代，我们很难通过保证去面对价值。

更重要的是，网络匿名真的不管用。有足够的外部数据来源可以提供丰富的关于消费者的背景，甚至是那些从不访问任何网络内容的消费者。更何况你上网的时候也不可能一直使用洋葱浏览器或者类似的服务。你迟早会从亚马逊上买东西。零售商们也正将越来越多的交易推到互联网上，它们也想充分利用实时定价的机会。只要能给出足够的内容，几乎你做的任何事情或购买的任何东西都可以揭示关于你的重要数据，不管是在线上还是线下。

一个更好的途径是消费者授权许可，那么所有权的确定就是必要的。在第9章中，我们用裸照比较了粒度个人数据，并得出结论，个人数据是个人所有的，而不是数据存储库所有的。消费者要敢于维护自己的权利，而不是静静地傻站在那里，等着数据巨头们去公然剥夺他们的私有财产。一开始，消费者可以要求对那些被别人持有的关于自己的数据拥有完全访问权。接下来，消费者可以要求对他们的数据的商业用途设定一个界限，而且当他们不希望某家公司使用这些数据时，该公司就必须删除他们的个人资料。如果呼吁数据改革的客户足够多的话，一个限制数据巨头掠夺的草根运动就可能成功。

法律的职责

现在再来试试另外一个思考实验。假设一家家务清洁公司为你提供了一项免费的房屋清洁服务，这个提议非常具有创新性，因为他们不是派人，而

第三部分
未来：消费者是否还有机会

是派机器人来到你家做一些清洁家务。当然你可能会感到新鲜，想尝试一下，毕竟它的服务很好，而且还是免费的。接下来发生的事情是一个机器人出现在你的门口，宣布它准备好去打扫卫生了。只是在它开始之前还有一件事，你必须点击用户协议，有二十页那么长。当然了，你肯定点击"接受"而且不会读它，因为没有人读那东西。如果你读过它的话就会知道，除了很多其他术语外，用户协议还会告诉你："我们将使用我们得到的关于你房屋内饰信息和内容来提供服务，这将保持和提高我们服务质量并且开发新的服务。没有你的同意，我们不会分享你的个人身份信息。"这是常见的官方语言，大多数人都不会反对。

但也许人们应该反对。因为在这个思想实验中，机器人都做了什么呢？首先，它真的很有帮助。它打扫得很干净，不会抱怨也不会要钱。你几乎没有注意到它开始在家里像影子一样跟着你，甚至会在你需要一杯水或一杯茶的时候有所动作。然后，在你迷上机器人的时候，它开始跟你说话。它开始提供产品给你，并告诉你有关你可能要买的东西的细节。令人毛骨悚然的是，机器人竟然如此了解你。它知道你的袜子什么时候有洞，然后试图卖给你袜子。当你厌倦花生酱果酱的时候，它试图向你推荐新开业的一家寿司餐厅。它真的很擅长营销，而你也开始渐渐习惯了。最终，你开始让机器人告诉你你该做什么。

这听上去是不是很熟悉？这应该很熟悉，因为如果你使用过谷歌搜索、Hotmail 或者 Facebook 的话，你就知道它们完完全全就是这么回事。一个数据巨头正在依靠你甚至都不理解是怎么回事的用户协议来收集成千上万关于你的数据。你签署的用户协议不值一文。只要它们想要，数据巨头随时都可以监视你，然后拿你的个人数据做任何它们想做的事。这里没有限制，任何限制都没有。

消费者需要意识到的是，他们没有必要非要接受数据巨头的规则。用户协议技术上又称为合同附则，它是如此地不牢靠，很让人怀疑它是否真的能远程执行。听起来如此合理和安全的巧妙措辞就像是故意误导，就像是为欺诈的数据巨头奠定一个合理的基础。可以预见，甚至已经发生，消费者们迟早会在美国现有的法律下发起有效的法律索赔，来对抗数据巨头们挪用自己的个人知识产权、侵犯个人隐私、未经授权地使用个人身份和其他错误使用。问题是，你可以很容易地证明一个数据巨头已经做了错事，但你根本没有数据来找出具体伤害是什么，数据巨头们也都很清楚这一点。你说不出来数据巨头到底让你付出了什么代价，因为这些只有数据巨头知道，但它们就是不说。

政府监管一直都是一个可悲的失败。在美国，政府监管几乎不存在。联邦通信委员会、联邦贸易委员会和司法部应该因疏忽而被惩罚，它们连一点点解决可笑的用户协议的努力都没有付出。欧洲的情况有所不同，欧洲已经提出了用心良苦的消费者保护条例，例如限制使用模糊的用户协议、用户要求时需要删除个人资料等。问题是，虽然监管是解决问题的一部分，但它不能解决所有的问题。专注于强制行为的监管部门是注定要失败的。当欧盟试图将某些特殊类别或技术的数据排除在限制之外时，要不了多长时间，数据巨头就能想出一个变通方法。由大数据和数据科学的基本性质所决定，技术导向的调节总是注定要失败的。如果有足够的数据，快速适应的智能引擎可以间接地实现任何直接被禁止的目标。利用庞大数据集所构成的现今的大数据，总会找到很多方式来解决问题，禁止特定的活动将永远落后于形势变化，技术的监管调节永远也没法赶上技术的最前沿。至少到目前为止，欧洲人还可以为它们的监管行动感到一点点接近于零的安慰。而美国的监管机构（和它们的上级），它们只是让消费者自己照顾自己，没有试图给出一种让美国人相信他们是受保护的假象，就已经是帮美国公众一个忙了。

数据经济是需要监管的。就像公共网络权限问题、照片及电话通信的隐私问题，还有用户协议的公平性问题，这些都是监管机构工作的重中之重。但是，尽管重要，却仍然无法解决根本的商业问题。即使是在网络中立、私有信息被完美保护并且用户协议足够清晰简单的情况下，数据巨头们仍然能够茁壮成长。也就是说，即使那些最坏的行为被有效禁止，最终还是得依赖公众和反垄断法来维护市场的公平性。然而不幸的是，由于事件的本质，反垄断法并不能为市场提供及时有效的保护，当人们能用反垄断法限制其行为

第三部分
未来：消费者是否还有机会

的时候，那些巨头们其实早已聚集了足够的力量了。

现有的法案中有几条倒是可以发挥作用。例如，隐私权和个人身份的商业利益保障所有权是得到公认的原则。尽管要先做一些基础工作，但一位足够开明的法官应当会根据这些原则来限制数据的利用，这是合理的。隐私权起源于《哈佛法律评论》（*Harvard Law Review*）的一篇学术文章。如果法官对于隐私问题产生共鸣并想对抗那些利用私人信息来牟利的公司的话，那本出版物的威望和作者富有说服力的论点就可以给法官足够的支持。

还有一种已经存在的法律原则有望在数据巨头们与消费者之间寻求一个良性的平衡，那就是信托责任法。在一些领域，特别是在投资领域，人们把重大价值的资产委托给经纪人，经纪人代表这些客户管理资产。信托责任法要求背负信托责任的经纪人将自己客户的利益放在首位，并严格禁止经纪人在没有充分披露和未经客户允许的情况下牺牲客户的利益而谋取私利。我们很容易将信托责任法的概念从投资领域延伸至个人数据的保护之上，而在这个法律的保护下，人们会出于对违规行为的恐惧而尽可能地对自己的行为负起责任来，并将客户的利益放在个人利益之前。

相较于常规的监管，集体诉讼方式更加具有争议性，但是也同样可以用于解决这个问题。运用集体诉讼的方法很容易发现数据商业化运营中所存在的问题，但是问题产生的后果却很难判断。搜索引擎、电子邮件引擎和社交引擎的确为消费者做了件好事，而具体的危害却很难被定义，有一些危害甚至目前还不存在。当然，数据巨头们是不会为研究者们敞开大门让他们帮消费者取证的，从事实中进行筛选需要相当大的投资。还有最后一个问题，专家们需要弄清楚那些数据巨头们究竟在做什么，就目前来说，这可能是致命的集体诉讼。这是一件需要在投机索赔上花费法定时间的事。没有人会调查数据巨头们在它们自己的地盘上做了什么，那实在是太费钱了。

为了给现在这股淘金热降降温，我们可能只能依赖反垄断法。对数据巨头们来说，除了技术过时之外，唯一的生存威胁是来自反垄断法或公共事业监管的政府控制。像谷歌和 Facebook 这样的公司容易受到法律制定者的影响，它们会对这些公司的方式和规模设置限制。对网络巨头们来说，最醒目的竞争者是眼红美国公司拥有的数据派生能力的联邦政府。随着像谷歌和威瑞森电信等数据巨头有时不情愿的帮助，美国政府自己（它们不是唯一这么做的）一直在收集大量数据，虽不是为了表面上的商业原因，但实质上是超越国境辐射自己的地域政治力量。这使得美国和其他国家的政府在隐私问题上有严重的分歧。那种让组织和个人嫉妒的知识力量可能会让监管部门产生动机去采取行动。在美国这样的国家，最终只能依靠人民坚持的必要保护来维系消费者剩余及其自由市场。政治官员们可能会跟随，但它们绝不会在没有多少响应的情况下领导这一行动。

同时，本书中提到的每一个潜在的滥用预言实际上都正在发生。某些美国医生，作为我们最信任的专业人士，以及曾宣誓过"不伤害"的人，却在对急诊室病人滥收费，那些病人也许是我们可以想象的最脆弱的消费者。谷歌公司承认它们浏览了我们的邮件，航空公司根据只有它们知道的数据每时每刻提供不同价格的机票，广告针对我们的身份和工作而量身定做。现如今，大规模市场定价机制已经被打散并形成了一个非常复杂的游戏。

我们知道，市场是不会自发地形成解决方法来限制数据巨头们的优势的。消失的记录（它们真的消失了？）和互联网站点不跟踪你（你真的是匿名的？）在理论上是没错的，但在实践中却行不通。让企业家们来解决数据开发问题是愚蠢的，受利润驱动的解决方案不是我们所要的答案，因为利润本身就是个问题。技术解决方案在对抗数据巨头们的天平上永远不够强大。集体行动是必要的。

能够起作用的集体行动必须要用到手头的工具。而幸运的是，一个强大的工具已经一应俱全——我们现有的两部法律：第一个是物权法，第二个是合同法。如果能被创造性地应用，可以实现非常有益的变化。它们有古老且不容置疑的血统，我们的商业社会一开始就根植其中。目前，我们已经涉及了物权法的问题。个人数据，特别是那些私密的、广泛的、全景

第三部分
未来：消费者是否还有机会

式的数据是事实存在的。数据是可以触摸到的，可以拥有的。显然，通过大数据，能够更深入地识别个人数据，可以精细地描绘出每个人的生活和个性，这些数据属于每一个相关的个人所有。这些数据或出售或出租或隐藏，都应当是基于个人的选择。这便是合同法的用武之地。个人通过合同，可以控制属于他们自己的数据的使用。你不妨思考一下，这是一个很显然的结论。用户协议的存在，心照不宣地承认了公司与个人要针对某件财产进行"协议"，而这件财产就是用户的数据。数据巨头们的服务条款隐含地承认了数据是属于用户的个人财产，而用户可以根据它而签订一个具有约束力和法律效力的合同。

因此，我有个小小的提议，即通过具有约束力的合同（我们指的不是那些用户协议，而是我们尽力组织并拟好一份合同），进行广泛的推广让大众接受，为什么消费者不一开始就跟 Facebook 提他们自己的服务条款呢？一个重要的原则是消费者在涉及与自己有关的数据时应该自己做主，因此，也许会有很多不同版本的服务条款。但是，这里有一些消费者必须要求的条款。

我们一般是通过某个设备和数据打交道的。同时，大多数情况下那个设备是属于我们的。就拿家用清洁机器人打个比方，我们的智能手机、平板电脑和笔记本电脑就是我们的房子。当我们在我们的设备上访问某个网络服务时，数据巨头就会像送来一个机器人一样，到我们的家里为我们工作。这个机器人应当专心于它的本职工作，而不是在房子里到处转，到处拍照，偷听我们说话，监视我们的一举一动，并且实时地将这些信息汇报出去。并且，除非事先约定好，机器人也不应当影响到我们做任何事情。当我们把邮件等私人信息给机器人看时，机器人也应当始终保证这些信息的私密性，不将其用于任何目的。机器人最好是过了一会儿就忘事。最重要的是，我们应该保留所有权和对数据的控制，因为我们的数据是我们的财产。

我们所需要的只是一个网站，这个网站可以给我们提供必要的信息，帮助我们配置自己的数据资产，并且在合适的时候给予我们提示，辅助生成为我们量身定制的用户协议。随后，这些协议会被发到各种网络公司，这些公司可以选择接受这些协议，或者拒绝。突然间，我们就有了一个全新的游戏规则。那些看上去很和善的大公司会跑来找我们说，不用担心，它们只是来帮助我们的。但是实际上，它们如不事先提及关于私人数据的问题，就永远不会成功。为了在商业上取得胜利，公司就必须接受那些在销售实体和消费者之间更加平等的条款，并且随时根据消费者的隐私偏好而改变。于是，以后我们接受公司服务的前提将不再是"要么同意我们的用户协议，要么就滚蛋"，而是"要么听消费者的话，要么就别烦他"。我们应当把那些提供服务的公司调教得言听计从，而不是在它们的手下唯唯诺诺。

政府的职责

讽刺的是，在很多方面，互联网是依靠政府而存在的，而绝大多数网络行业的领袖都倾尽他们所能，将政府排挤在网络商务之外。这些领袖们对于政府在网络方面已经发挥的巨大作用视而不见。其中，关于网络中立性的争论就是一个很好的例子。网络中立性原则是指，运营互联网的公司应当对每个接入互联网的用户收取同样的费用。实际上，正是由于政府始终坚持互联网收费的中立性原则，才使得无数互联网企业免于那些数据巨头们，特别是威瑞森电信公司和AT&T公司之类的基础设施巨头们的蹂躏。多年来，政府要求大型电信公司在非歧视基础上安排流量。它们不被允许对不同的客户收取不同的费用，不论是基于流量还是其他什么。对所有人都是一个价格。

威瑞森电信公司和美国AT&T公司当然知道，如果它们针对不同的用户量身定价，它们可以赚更多的钱。类似消费者剩余，生产者剩余也危在旦夕。网络运营商们可以准确地估计出各家公司愿意为自己必需的数据管道付多少钱，然后只要得到允许，它们就会把价格设定成每家公司能够接受的最高价格。更重要的是，它们还可以用类似航空公司的快速定价系统，经常心血来潮地更改价格。有趣的是，很多互联网创业者们都上蹿下跳地指出浮动价格即使没有内在的错误，也是不公平的。

第三部分
未来：消费者是否还有机会

但是，它们会站出来支持监管消费品价格从而让市场保持透明并统一定价吗？它们应该这么做，除非你想生活在一个弱肉强食、赢家通吃的社会中，你应该支持商品市场。我们都爱在琳琅满目的商品和服务之间做出选择，让多样性存在的商业生态系统需要商品市场透明，需要统一且可预测的定价。那些基础资源，比如水、电和电信服务在分裂成复杂和快速发展的市场上是可怕的候选者。我们希望市场的多样化，这就要求我们必须营造并保护一个可行空间，能够让创业者和小企业做不同的东西或采用不同的方法。如果狭隘的个人利益控制了整个商品市场，那威胁到消费者剩余和生产者剩余的价格波动将会导致初创公司难以成立。企业拥有者的数量将会减少，但财富上却会增加，因为创业者成了另一种打工者。

因此，尽管反对声此起彼伏，政府仍然需要履行自己的责任。政府需要运用好公用事业型调控，限制那些公司寻找垄断机会的行为，这是为了促进社会的共同利益。由于快速定价以及高频交易，电力、水、油和数据将沉重地打击消费者和小企业，这也是一种应该被打压的行为。政府应当促进建立一个框架，形成互惠互利的用户协议。政府也应当努力采取措施来确保创造剩余的大众市场继续存在下去。

商业有自己的作用。除了最大的几个商业巨头之外，其他所有的企业在数据巨头对于生产者剩余的掠夺中都很脆弱。与其采取膝跳式的下意识对抗监管，企业更应该认识到它们对网络中立性的渴望和类似的消费者所关注的问题。那些害怕政府监管并认为合法关注会带来削弱作用的人，至少应该保留一丝良知，来承认私人垄断也会带来同样的调整和削弱作用。那些不是数据巨头或者不是想要成为数据巨头的企业，应该加入消费者数据环保行动中，而不是反对。消费者们也必须要支持一个多样化、动态化和具有创业精神的经济社会。一个充满活力和自由的创新型经济来源于多方力量的平衡，而不是巨头垄断的统治。

政府是必不可少的，但它也不至于神奇地使一切都自动变好。像自然环保运动一样，数据环保运动首先要从尽心尽力的个人开始，然后发展成团体、国家组织，最后再发展成为一项全球性的运动。作家、艺术家和电影制作人都要在"想象我们要生活在一个什么样的世界里，我们要避免什么样的结果"这一舞台上占有一席之地。这需要我们的共同努力和足够耐心。

我们没有另一个世纪的时间去做好准备，技术的必要性比以往更为迫切。数据环保运动现在就需要开始行动，就在今天。这是为了建立一个我们仍然热爱并且想留给我们子孙后代的世界。企业的重点必须转向创造持久的价值，而不是为了利润而将客户玩弄于股掌之上。政府会处理我们一起正式决定去做的事情。如果我们发起一场数据环保运动，那我们所需要的政府也将随之而来。工具都已经准备好了，我们现在所需要的就是去使用它们。

北京阅想时代文化发展有限责任公司为中国人民大学出版社有限公司下属的商业新知事业部，致力于经管类优秀出版物（外版书为主）的策划及出版，主要涉及经济管理、金融、投资理财、心理学、成功励志、生活等出版领域，下设"阅想·商业""阅想·财富""阅想·新知""阅想·心理""阅想·生活"以及"阅想·人文"等多条产品线。致力于为国内商业人士提供涵盖先进、前沿的管理理念和思想的专业类图书和趋势类图书，同时也为满足商业人士的内心诉求，打造一系列提倡心理和生活健康的心理学图书和生活管理类图书。

《数据之美：一本书学会可视化设计》
- 关于数据呈现的思考和方式的颠覆之作；
- 《数据之美》无疑揭示了两个领域正在发生的一场革命：我们可以用新的方式来描述信息，我们认识世界的方式可以可视化；
- 用可视化阐明数据的含义，避免在"信息海洋"中沉溺，直观呈现大数据背后的故事。

《AI：人工智能的本质与未来》
- 自人工智能的概念诞生以来，强人工智能甚至是超人工智能真的要成为我们的终极梦想吗；
- "奇点即将到来，机器将变得比人类更聪明"，这是一种夸大其词的宣传，还是我们真的应该对此保持警惕；
- 在人工智能日益成熟的今天，我们该如何选择人工智能的未来？人类的历史将被人工智能带向何方？

《人机共生：当爱情、生活和战争都自动化了，人类该何去何从》
- 新机器时代已经来临，人类召唤的绝不是冰冷的智能机器，如何让机器人拥有人性的温度是我们无法逃避的深度伦理思考；
- 何时才是消除所有法律障碍，引入有益的机器人系统的最佳时机；
- 开发拥有社交和道德能力的自动机器，这个终极梦想真的合理吗？

All You Can Pay: How Companies Use Our Data to Empty Our Wallets By Anna Bernasek & D. T. Mongan

ISBN: 978-1-56858-474-4

Copyright © Nation Books.

No part of this publication may be reproduced, stored in a retrieval system or transmitted in any form or by any means, electronic, mechanical, photocopying, recording or otherwise without the prior permission of the publisher.

Simplified Chinese rights arranged with Nation Books through Big Apple Agency, Inc.

Simplified Chinese version © 2017 by China Renmin University Press.

All rights reserved.

本书中文简体字版由Nation Books通过大苹果公司授权中国人民大学出版社在全球范围内独家出版发行。未经出版者书面许可，不得以任何方式抄袭、复制或节录本书中的任何部分。

版权所有，侵权必究。